조선 엄마의 태교법

조선 엄마의 태교법

'기질 바른' 아이를 낳기 위한 500년의 역사

초판 1쇄 인쇄 2018년 11월 25일 ＼**초판 1쇄 발행** 2018년 11월 30일
지은이 정해은 ＼**펴낸이** 이영선 ＼**편집 이사** 강영선 김선정 ＼**주간** 김문정
편집장 임경훈 ＼**편집** 김종훈 이현정 ＼**디자인** 김회량 정경아
독자본부 김일신 김진규 김연수 정혜영 박정래 손미경 김동욱

펴낸곳 서해문집 ＼**출판등록** 1989년 3월 16일(제406-2005-000047호)
주소 경기도 파주시 광인사길 217(파주출판도시) ＼**전화** (031)955-7470 ＼**팩스** (031)955-7469
홈페이지 www.booksea.co.kr ＼**이메일** shmj21@hanmail.net

ISBN 978-89-7483-969-7 03910
값 17,000원

이 도서의 국립중앙도서관 출판예정도서목록(CIP)은 서지정보유통지원시스템 홈페이지(http://seoji.nl.go.kr)와
국가자료공동목록시스템(http://www.nl.go.kr/kolisnet)에서 이용하실 수 있습니다.(CIP제어번호: CIP2018037192)

* 이 도서는 한국출판문화산업진흥원 2018년 우수출판 콘텐츠 제작 지원 사업 선정작입니다.

조선 엄마의 태교법

'기질 바른'
아이를 낳기 위한
500년의
역사

정해은 지음

서해문집

태교 관련 문헌과 지식

태교법과 태교 음식

21
세
기,

왜
교
가

태
교
가

필
요
한
가

1

－

영국 태생의 제인 구달(Jane Goodall) 박사는 침팬지 연구자로 유명하다. 언젠가 한국 TV에서 제인 구달 박사가 연구한 침팬지 세계에 관한 다큐멘터리가 방영되어 시청한 적이 있다.

그 다큐멘터리에서 아직도 잊히지 않는 인상적인 장면 하나가 있다. 어떤 암컷 침팬지가 새끼를 잘 돌보지 못하고 방치하다가 결국 새끼를 잃고 만 일이었다. 어미는 새끼 잃은 슬픔을 이기지 못해 죽은 새끼를 끌고 다녔다. 다큐멘터리의 해설자는 암컷 침팬지가 그 어미로부터 돌봄을 제대로 받지 못했고, 그 결과 자기 새끼를 잘 키우는 방법을 몰라 발생한 일이라고 알려주었다.

암컷 침팬지가 성장하면서 부모로부터 양육을 잘 받지 못한 환경이 그 삶에 커다란 그림자를 드리운 것이었다. 동물의 세계에서도 어릴 적 받은 교육이 세상을 살아가는 가장 중요한 자산이자 지식의 보고라는 사실을 알려주었기에 조금 충격을 받았다.

이 책에서 태교(胎敎)라는 '낡은' 주제를 끄집어낸 배경도 여기에 있다. 태교는 가정교육의 시초로, 동양 사회의 독특한 전통이다. 독특하다는 것은 특수하다는 의미가 아니다. 다른 사회가 생각하지 못한 독자적인 전통이라는 뜻이다. 서양에도 임신한 여성과 태아를 보호하기 위한 금기 사항이 있으나, 태아 교육의 의미는 아니었다. 즉 태교는 동양 사회가 장기간에 걸쳐 임신부와 태아의 건강을 소망하는 염원에 교육을 중시하는 문화를 결합해 구축한 눈부신 전통이라 할 수 있다.

전통시대 동양 사회는 어린 시절 가정에서 받는 교육을 대단히 중시했다. 공자는 "어려서 길러진 것은 천성과 같고, 습관은 자연과 같다"라고 했다. 우리 속담에도 '세 살 버릇 여든까지 간다'는 말이 있다.

조선의 국왕 성종의 어머니 소혜왕후가 지은 《내훈》에는 맹자의 어머니 이야기가 나온다. 맹자의 교육을 위해 세 번 이사한 일화로 유명한 바로 그 어머니다. 맹자는 대략 기원전 4세기 전반에 태어나 기원전 3세기 초에 사망했는데, 공자가 세상을 뜬 지 대략 100여 년이 지난 뒤였다.

맹자가 어렸을 때 어떤 집에서 돼지를 잡자 어머니에게 왜 돼지를 잡느냐고 여쭈었다. 그러자 어머니는 너에게 먹이려고 잡는다고 대답했다. 거짓으로 대답하고 난 맹자의 어머니는 바로 후회했다. "옛날에 임신을 하면 태교로 가르쳤다는 말을 들었는데, 내가 이제 그것을 알고 있건만 아들을 속였으니 이는 불신을 가르친 것이 됐구나!" 하고는 돼지고기를 사다가 맹자에게 먹였다고 한다. 우리에게는 조금 낯선 이야기지만, 맹자 어머니의 올곧은 교육관을 확인할 수 있다.

동양에서는 이미 약 3000년 전 임신하는 순간부터 교육을 시작해야 한다는 주장이 있었다. 바로 태교였다. 각종 의서에는 태교에서 한걸음 더 나아가 아이의 교육을 위해 임신하기 전부터 부부가 어떤 마음가짐과 몸가짐을 가져야 하는지 설파해놓았다. 교육이란 어느 시점부터 갑자기 이뤄지는 행위가 아니라, 차례차례 준비해서 꾸준히 실행해야 한다고 보았기 때문이다.

2
—

이 책은 '태교'라는 한국 사회의 오랜 전통을 역사적으로 온전히 이해하고자 시도한 결과물이다. 이 책을 쓰는 동안 스스로에게 '태교의 역사도 한국사가 될 수 있을까' 하는 질문을 수없이 던졌다.

비록 한국사에서 눈길을 확 사로잡는 역사는 아니지만, 소리 없이 면면히 흘러서 현대까지 와 닿은 이 소소하면서도 유구한 문화를 한국 역사의 한 부분으로 채워 넣고 싶었다.

오늘날 대한민국의 성인 남녀라면 누구나 태교가 무엇인지 설명할 수 있을 만큼 우리 사회에서 태교는 오랜 전통을 갖고 있으며, 지금도 계승되는 전통 문화 중 하나다. 더구나 한국처럼 교육을 중시하는 나라에서 태교는 임신한 여성이라면 반드시 관심을 갖고 실천하는 문화로 자리 잡은 지 오래다.

그래서 태교에 대한 다양한 정보와 심화된 지식을 얻고자 하는 갈망이 큰 편이다. 그럼에도 우리가 실천하려는 태교가 어디서 왔는지, 어떻게 해서 누구나 보편적으로 공유하는 지식이 됐는지는 잘 모른다. 어쩌면 태교란 그저 공기나 물처럼 원래 있었다고 여기고 있는지도 모르겠다.

1928년 경상도 밀양에 이병곤이라는 사람이 살고 있었다. 그는 며느리에게 태기가 있다는 소식을 들었다. 기쁜 마음에 그다음 날 일기에 이렇게 썼다. "이날 한글로 태교법을 베꼈다. 며느리에게 주기 위해서다."《퇴수재일기(退修齋日記)》1928년 12월 28일) 손주를 본다는 기쁜 마음에 가장 먼저 떠오른 생각이 태교였던 것이다. 그만큼 태교가 이미 일상생활에 깊이 자리 잡았음을 엿볼 수 있다.

한국에서 태교의 전통은 연원이 깊다. 이미 신라시대 유명한 여러 선사의 비문에 태교의 기록이 나타난다. 고려시대에도《고려사(高麗史)》를 비롯해 정몽주의 어머니 이씨가 쓴 〈태중훈문(胎中訓文)〉이 일부 전한다. 그리고 현재 우리가 접하는 태교는 조선시대에 형성, 정착돼 전파된 것이다. 그러므로 오늘날 대중의 지대한 관심을 받는 태교는 한국의 전통 문화와 가족 문화의 지향성을 이해하기 위해 반드시 짚어봐야 할 주제라 할 수 있다.

태교는 말 그대로 태중 교육이다. 인성의 기초가 태아 때 이뤄진다고 여겨서 태아 교육을 시작해야 한다고 보는 것이다. 태교에는 태중 교육은 물론 태아에게 좋은 영향을 주기 위한 모든 노력이 포함된다. 그러므로 태교의 범주를 확장하면 임신 중 태아를 보호하고 건강하게 만들기 위한 각종 조치라고 할 수 있다. 그래서 태교 관련 문헌에는 '태교 금기' 항목도 있다.

그런데 오늘날 태교를 살펴보면 한 가지 아쉬운 점이 있다. 태교를 주로 여성이 해야 하는 교육으로 간주하는 경향이다. 어떤 독자는 이렇게 질문할 수도 있다. 그렇다면 '태교를 남녀가 함께해야 한단 말인가?' 이 책은 이 질문에 대답하기 위해 태교의 역사 속으로 굽이굽이 찾아 들어가는 여정이다.

3

—

1800년 조선 사회에서 여성이 쓴 저서 한 권이 탄생했다.《태교신기(胎敎新記)》라는 태교 전문서다. 여성이 태교 관련 전문서를 쓴 것은 당연하지 않느냐고 할 수도 있지만, 이는 당대 사회를 모르고 하는 말이다. 여성을 둘러싼 사회 환경에 조금만 관심을 갖고 들여다보면 척박한 풍토에서 일궈낸 성과이며, 한국사 연표에 기록해야 할 하나의 '사건'이 아닐 수 없다.

19세기 유럽에서도 많은 여성이 저작 활동에 뛰어들었다. 하지만《태교신기》처럼 한 분야를 파고든 전문서를 낸 여성은 흔치 않다. 대부분 소설 작품이었다. 그러므로《태교신기》는 세계사적으로 볼 때도 대단히 기념비적인 책이라 할 만하다.

조선에서는 18세기 후반 이후 여성이 쓴 책이 나오기 시작했다. 무엇보다도 여성은 남성이 구축한 학문과 지식 세계에서 서성거리지 않고 살림, 태교, 임신 등 여성의 고유 영역을 지식화했다. 여성이 교육의 변방에 놓인 존재라는 점을 고려해보면 이런 현상은 여성의 자각이라는 면에서 흥미로운 문화 현상이자, 지식의 저변화라고 볼 수 있다.

내가 태교에 관심을 갖게 된 계기는 바로 이《태교신기》라는 책이었다.《태교신기》는 이사주당이 62세 때 지은 태교 지침서다.

이사주당은 태교를 여성의 역할로 가두지 않고 남편과 가족의 참여를 역설했다. 한 세기가 끝나고 19세기라는 새로운 세기로 들어가는 시점에 이 놀라운 발상을 해낸 여성이 어떤 인물인지 궁금해졌다.

태교라는 주제도 신선하게 다가왔다. 태교야말로 조선시대 여성과 가장 밀접한 관련이 있는 화두였기 때문이다.《태교신기》를 통해 조선 사회에서 여성으로 산다는 것이 무엇인지 알고 싶어졌다. 그리고 태교라는 문제를 여성주의 시각에서 살펴볼 필요성을 느꼈다. 이 주제에 뛰어들면서 태교가 조선시대 여성에게 어떤 영향을 미쳤으며, 또 어떤 내용의 태교가 유행했는지, 왜 태교를 중시했는지 궁금했고, 그것을 탐구하는 과정 속에서 한국 사회의 태교를 역사적으로 파헤치고 싶었다.

이 책에서 견지한 관점은 태교란 고정불변의 가치나 내용을 지닌 것이 아니라는 점이다. 태교 역시 다른 역사적 사안들과 마찬가지로 당대 사회의 지향점과 가치가 투영되어 형성된 것이다. 시대마다 태교의 강조점이 다른 것을 보면 알 수 있다. 그래서 이 책에서는 태교를 역사적 관점에서 사회와 교감하면서 변화해온 하나의 '문화'로 접근하면서, 오늘날 태교 문화가 나아갈 방향에 대해서도 고민해보았다.

태교는 인간의 생명과 본성의 문제를 다룬다. 그래서 태교가 과학적인가 아닌가를 따지는 것은 큰 의미가 없다. 태교는 어머니의 배속에 있는 생명체를 안전하게 지키고자 하는 사람들의 노력이 여러 의학 지식과 철학, 사회 이데올로기와 만나 탄생한 생명 윤리관이자 교육의 문제로 진화해왔다.

하지만 오늘날 한국 사회에서는 똑똑한 아이를 만들기 위한 태교가 강조된다. 이런 가운데 주위를 둘러보면 옛 방식 그대로의 태교, 그중에서도 여성의 행동과 역할만이 부각된 태교가 권장, 전파되고 있다. 이러한 경향은 현재의 시대 상황을 고려하지 않고 옛것만을 고집하는 완고한 복고주의와 상당히 닮았다.

조선시대 여성은 주로 집 안에서 활동했으며, 오늘날처럼 일상적으로 바깥 행보를 하지 않았다. 그래서 바깥 세계와 거리를 둔채 태아에게 나쁜 영향을 주는 의식주를 삼가는 태교가 가능했는지도 모른다.

하지만 현대인은 다르다. 남녀를 막론하고 늘 세상을 활보하며 본인의 의지와 상관없이 온갖 폭력과 위험에 노출되어 있다. 더구나 수많은 임신부가 직업을 갖고 공적 공간에서 각종 활동을 한다.

임신한 여성이 바른 음식을 먹고 바른 생각을 하고 바른 것을 듣고 보려면, 그리고 가족이 임신한 여성을 배려하고 선한 곳으로 이끌려면 해당 부부와 그 가족만 고군분투해서는 될 일이 아니다. 긴밀한 네트워크를 이루며 사는 현대인은 '옛날' 방식의 태교가 이미 가능하지 않은 사회에 살고 있는 것이다.

그렇다고 태교를 포기할 것인가? 이런 면에서 태교가 한국 사회에 던지는 메시지는 확실하다. 이제는 사회 공동체와 그 구성원이 함께 태교를 해야 한다는 것. 더불어 사는 사회, 함께 사회적 부(富)를 나누는 착한 행동을 권장하는 사회를 만들어갈 때에만이 태교가 가능하고, 거기서 넓게는 인류를 위해, 좁게는 대한민국의 미래를 위해 몸과 마음이 건강한 '기질 바른' 아이가 탄생할 것이다. 이것이 21세기에 태교를 다시 주목하는 이유다. 부족하나마 이 책이 여기에 조금이나마 일조할 수 있기를 바란다.

조선시대에는 태아를 어떻게 인식했을까

조선 사회는 아들이 귀한 시대였다. 오로지 남자만 입신양명하여 집안을 빛낼 수 있으므로 딸보다 아들이 소중했다. 이런 까닭에 사회적으로 부인이 아들을 낳지 못하면 첩을 들일 수밖에 없다는 주장도 공공연히 설득력을 얻었다.

이런 분위기에서 태아에게 쏟는 관심도 성별에 집중됐다. 임신한 여성 본인은 물론 주변 사람도 출산할 때까지 태아가 아들일까, 딸일까 하는 호기심과 걱정을 버리지 못했다.

《향약집성방》을 비롯해 《태산요록》, 《동의보감》 등의 의학서나 《증보산림경제》, 《규합총서》 등 생활실용서에 아들 낳는 비법이 소개되고, 태아의 성별을 아는 방법, 임신 중 딸을 아들로 바꾸는 방법 등이 실린 것도 이 때문이었다.

자식에 대한
생각

자식이 중요한 이유

혼례는 두 성(姓)의 좋은 점을 합쳐, 위로 조상을 받들고 아래로는 후
손을 잇는 것이다.

이 말은 동양 예학의 고전으로 손꼽히는《예기(禮記)》에 나오는
혼례의 정의다. 동양의 전통 사회에서 혼례는 자식을 낳아 조상을
받들고 가계를 잇는 일의 출발로 보았다. 그래서 혼인을 인륜(人倫)
의 시초라고 했다.

조선 후기 실용 지식 분야의 정점에 있는 저술로 평가받는《증
보산림경제(增補山林經濟)》(1766)에는 자식을 낳아 대를 잇는 일이
사람 사는 일의 전부라고 나온다. 저자 류중림은 자식이란 마치 나

무에 열매가 열리는 것과 같다고 했다. 그래서 "몇 대를 전해갈지 모르지만 자식이 없는 자는 자기 한 몸에서 끝나게 된다. 그래서 자기로부터 제사를 받드는 일이 끊어져 처량하게 의탁할 곳이 없게 된다"라고 보았다. 그러면서 "사람이 이 세상에서 밤낮으로 경영하는 것 가운데 대 이을 자식을 구하는 것보다 더 큰 일이 무엇이겠는가?"[1] 하고 반문했다.

조선의 제4대 임금 세종의 위대한 업적 중의 하나로 꼽히는《향약집성방(鄕藥集成方)》(1433)에서도 비슷한 내용이 발견된다. "혼인하면 아이를 낳아 대를 이어야 한다. 성인께서 불효에는 세 가지가 있다고 하셨는데, 그중 자식 없는 것이 첫째가는 불효라 했다. 이것은 아이를 낳아서 대를 잇는 것이 지극히 중요하다는 것을 말한 것이다"[2]라고 했다. 자식이 없어 대를 잇지 못하는 상황이 가장 큰 불효라는 것이다.

조선의 제9대 임금 성종의 어머니 소혜왕후도 사람이 애써 자식을 낳고 기르는 이유는 집안을 잇고 제사를 받들며 부모를 봉양하기 위해서라고 보았다. 소혜왕후는 "고생스럽게 애써 자식을 기르고 그 자식이 성공하기를 바라는 것은 선조의 뒤를 이어 가문을 이어가며, 죽은 사람을 잘 보내고 살아 있는 사람을 잘 봉양하려는 것이다"[3]라고 하면서 임무를 소홀히 해서는 안 된다고 했다. 허준도《동의보감(東醫寶鑑)》(1610)에서 여성 관련 질병을 다룬〈부인문

(婦人門)〉의 첫머리를 "사람이 사는 길은 자식을 얻는 데서부터 시작한다"[4]라는 말로 연다.

이처럼 유교 사회에서 자식이 중요한 이유는 아버지와 선대로부터 이어받은 가계를 본인 대에서 끝내지 않고 후대로 이어 나가기 위해서였다. 그런데 조선시대에 후손을 잇는다는 것은 아들로 이어지는 대를 잇는 것으로 국한됐으므로 자식은 곧 '아들'을 의미했다. 조선 전기에는 딸이나 외손이 부모나 조부모의 제사를 지내기도 했다. 하지만 조선 후기에는 아들만이 대를 이어 집안을 번창시킬 수 있다는 의식이 확고해지면서 '자식=아들'의 중요성은 더 커져만 갔다.

대이을 아들이 좋다

조선 사회에서 가계는 아들을 통해 이어지고, 집안의 밝은 전망은 아들의 과거 급제와 관직 진출을 통해 실현됐다. 그러므로 자식을 낳을 때도 남아 선호가 유별났다.

류희춘은 홍문관 부제학을 지냈을 만큼 당대의 문장가이자 학자로서 명망을 떨친 사람이다. 1568년(선조 1) 그는 며느리(김인후의 딸)가 아들을 낳았다는 소식을 듣자 집안에 큰 공을 세웠다며 치하했다. 그러면서 "나의 운명이 어두운 데서 벗어나 밝은 데로 향하며 복 경사를 받게 되니, 이 또한 할아버지와 아버지가 착한 일을 많이 하신 경사다"[5]라며 기뻐했다. 하지만 나중에 알고 보니 손자가 아니라 손녀였다. 이 사실을 안 류희춘은 더 이상 아무런 언급을 하지 않았다.

18세기 후반 경상도 선산의 양반 노상추는 함경도 삭주 부사까지 오른 무관이다. 노상추의 집안은 17세기만 하더라도 경상도 선산에서 명망 있는 양반가였다. 하지만 점차 퇴락해 문과 급제자가 나오지 못했다. 그래서 할아버지 노계정이 "가난이 심해 버틸 수가 없다"라며 붓을 꺾고 무과에 합격해 병마절도사(종2품)까지 올랐다. 그러나 거기서 끝이었다. 노상추의 아버지는 과거 시험이나 관직과 인연이 멀었다.

노상추는 젊은 시절 글공부를 하며 집안을 빛낼 의지를 다졌다. 하지만 현실은 그의 바람과 달리 펼쳐졌다. 위로 형이 둘 있었는데, 맏형은 24세에 요절하고 둘째 형마저 장가도 들지 못한 채 17세에 죽고 말았다. 노상추는 자기 식구 외에 27세에 청상과부가 된 큰형수를 모셔야 했고, 어린 조카도 두 명이나 있었다. 그래서 그 역시 할아버지처럼 붓을 꺾고 35세에 무과에 급제해 30대 중반을 훌쩍 넘어서야 가까스로 관직에 나갈 수 있었다.

노상추는 사실상 장남 아닌 장남이었다. 집안의 대소사를 도맡았고 종가(宗家)도 잘 보존해야 했다. 사정이 이렇다 보니 노상추에게 대를 잇고 집안 대소사를 공유할 수 있는 아들의 존재는 소중했다. 노상추는 세 번 혼인했다. 두 번 상처한 뒤 29세에 세 번째로 혼인했다. 1788년(정조 12) 3월 노상추는 43세에 아들을 얻은 기쁨을 이렇게 적었다. 이때 그는 함경도 갑산에 속한 진동에서 권관(종9품 무관 벼슬)으로 근무 중이었다.

고향집에서는 아내가 정월 초7일 축시(새벽 1~3시)에 순산해 아들을 낳았다고 한다. 멀리 떨어져 있어도 서로 위안이 되니 달리 무슨 말을 하겠는가. 작년 11월 내가 아내에게 편지를 보내 아들을 낳으면 '경증'이라 이름을 지어주겠다고 했다. 그 후 아내가 답장을 보내 낳지도 않은 아들의 이름을 짓느냐며 서로 모여 얘기하며 웃었다고 한다. 지금 드디어 아들을 낳았으니 어찌 경사가 아니겠는가. _권필칭,《노상추일기》, 1788년 3월 20일

1796년에 노상추는 첩에게서도 아들을 얻었다. 그의 나이 51세였다. 노상추는 세 번째 부인과도 사별한 뒤로는 더 이상 혼인하지 않고 첩을 의지하면서 살았다.

노상추는 "장(張) 영공께서 우리 집이 지금 해산해 아들을 낳았다고 말씀하시기에 바로 귀가하니 첩이 탈 없이 해산했다"라면서 "얻은 아이가 아들이니, 부자 사이의 은혜가 귀천에 무슨 차이가

있겠는가?"하고 적었다.(《노상추일기》 1796년 5월 28일) 첩이 낳은 아들이지만 부자 사이에 어떤 귀천도 없다면서 기뻐한 것이다. 그의 기쁨대로 이 아들은 노상추가 84세로 세상을 떠날 때까지 늘 곁에서 수족이 돼주었다.

노상추는 그해에 경사가 겹쳤다. 장남이 손자를 안겨준 것이다. 노상추는 "오늘 신포에서 보낸 인편으로 고향집의 편지를 받아보았다. 여러 식구 모두 평안하고 며느리가 지난달 초3일 순산해 사내아이를 낳았다고 한다"라고 적었다.(《노상추일기》 1796년 9월 13일) 이 며느리는 오랫동안 임신하지 못하다가 10년 만에 아들을 낳았다. 노상추는 "이제부터 나도 손자가 있으니 또한 기쁘지 않겠는가. 기쁨을 이길 수 없다"라면서 기쁜 마음으로 손자의 사주를 적어두었다.

남아 선호가 조선에서만 유달리 강한 것은 아니었다. 중국 왕조에서도 남아 선호가 강했다. 이 점은 여자아이의 영아 살해에서 찾아볼 수 있다. 1700~1830년대 중국 청(淸)에서 태어난 3만 3000명의 유아와 어린이 사망률을 검토한 결과, 10분의 1에 해당하는 여자아이가 태어난 지 며칠 사이에 죽임을 당했다.[6]

중국 전국시대 말 법치주의자 한비자(韓非子)는 딸을 기피하는 사회 분위기를 다음과 같이 언급했다. 딸이 부모의 장래에 전혀 도움을 주지 못한다고 여기는 세태를 꼬집었던 것이다.

부모가 자식을 대하는 태도를 보면 아들을 낳으면 서로 축하하지만 딸을 낳으면 대수롭잖게 여긴다.[7] 모두 같은 부모에게서 태어났는데 남자아이는 축복을 받고 여자아이는 대수롭잖게 여기는 것은 부모가 장래에 도움이 될 것을 생각하고 영구적인 이익을 헤아리기 때문이다. _《한비자》〈육반(六反)〉

중국 남북조(南北朝) 말의 관료 안지추는 《안씨가훈》에서 딸 차별 세태를 신랄하게 비판했다. 안지추는 "태공이 말하기를 '딸을 너무 많이 낳으면 재물을 죄다 써버린다'고 하고, 진번은 '도둑이라도 딸이 다섯인 집 앞은 지나가지 않는다'고 했다. (……) 세상 사람은 대체로 딸을 낳으면 키우려 하지 않고 뼈와 살을 나눈 딸에게 몹쓸 짓을 하는데, 어떻게 그런 짓을 하고도 하늘에 복을 바랄 수 있겠는가?"[8] 하고 비판했다.

그러면서 "나의 먼 친척은 집에 기녀와 시녀가 많은데, 그들 중 누군가 출산할 때가 임박하면 바로 문지기를 보내 지키게 한다. 진통을 시작하면 창이나 문틈으로 엿보다가 만약 딸을 낳으면 바로 데려가 버린다. 그 어미가 쫓아가며 울부짖으니 사람들이 차마 들을 수 없다"라고 탄식했다.

유럽에서도 귀족의 경우 첫째 아이는 아들이기를 원했다. 딸을 낳으면 지참금을 마련해야 하기 때문이다. 이에 비해 농민은 아들보다 딸을 더 원했다. 아들을 낳으면 농사지을 땅을 나눠줘야 해서 생계가 어려워졌기 때문이다. 프랑스에서는 남서부 베아른 지방에 "살림 잘하는 여자가 맏딸을 낳는다"라는 속담이 있듯 맏아이로 딸을 원하기도 했다.[9] 아들과 딸 선호도가 사회 경제적 환경에 따라 달랐다고 할 수 있다.

"또 딸을 낳아도 절대 서운히 여기지 마소"

조선시대에는 사회적으로 딸보다 아들을 선호하다 보니 태아에 대한 관심은 당연히 성별에 집중됐다. 임신한 여성 본인은 물론이고 주변 사람도 출산 때까지 태아가 아들일까, 딸일까 하며 노심초사했다.

16세기의 양반 관료 이문건은 조선의 개국공신 이직의 5대손으로, 문과에 급제한 뒤 청요직(淸要職)을 두루 거친 엘리트였다. 그는 1545년(명종 즉위년) 윤원형 등이 일으킨 을사사화에 연루되어 경상북도 성주로 유배돼 23년 동안 유배 생활을 하다가 그곳에서 생을 마쳤다. 이문건은 42세부터 74세까지 32년간 일기를 썼다.

이문건은 아내 안동 김씨와의 사이에서 아들 이온을 두었다. 그런데 그 아들이 기대에 못 미쳤다. 이온은 공부에 취미를 붙이지 못하고 금방 배운 것도 자꾸 잊어버렸다. 이문건은 그럴 때마다 가

혹한 체벌을 내렸다. 외출을 금지하기 위해 옷을 감추거나 머리를 반쯤 깎아버리기도 했다. 심지어 몸을 묶고 도랑의 진흙을 입에 넣기도 했다. 이온은 아버지를 피해 자주 바깥으로 나돌면서 술에 취하거나 엉뚱한 일을 저지르곤 했다. 아버지와 아들 사이에 악순환이 계속됐다.

이런 까닭에 이문건은 손자의 탄생을 손꼽아 기다렸다. 이문건은 며느리가 첫째에 이어 둘째도 손녀를 낳자 "계속 딸아이를 낳아 손녀에게 정이 가지 않는다"[10]라면서 속상해했다. 그러다가 드디어 며느리가 아들을 낳자 기쁨이 이만저만이 아니었다. "귀양살이 쓸쓸하던 차에 마음 흐뭇한 일이 생겨/ 내 스스로 술 따라 마시며 자축하네"[11]라는 시에서 그의 즐거운 심사를 읽을 수 있다. 심지어 이문건이 유배 중인 성주의 목사까지 축시를 보내와 "벼슬과 명문가의 근원이 끊이지 않고/ 문장은 정녕 할아버지를 계승하리라는 걸 알겠네"[12] 하며 축하했다.

이문건은 매일같이 손자를 찾았다. 손자가 건강한지, 젖은 잘 먹는지 직접 살피면서 손자를 향한 정성과 기쁨을 숨기지 않았다. 이뿐만이 아니었다. 손자의 성장 과정을 기록한《양아록(養兒錄)》까지 남겨 손자를 애지중지하는 할아버지의 마음을 전했다. 또 이문건은 며느리에게 다시 태기가 있자 아는 사람에게 점을 쳐서 손자라는 답을 얻고 기뻐하다가 손녀가 태어나자 크게 실망하기도 했다.[13]

곽주가 아내에게 보낸 편지 ⓒ 국립대구박물관

17세기 초 경상도 달성군 현풍에 거주하던 양반 곽주는 슬하에 4남 5녀를 두었다. 아들 넷 중 장남은 전실 부인 소생이고, 나머지 셋은 두 번째 부인 하씨의 소생이었다. 곽주는 아내가 출산하기 위해 친정에 가 있자 초초한 마음에 편지를 보냈다. 이미 딸을 많이 둔 곽주는 편지에 이렇게 적었다.

정례는 어찌 있는고. 더욱 잊지 못해하네. 비록 딸을 또 낳아도 절대로 마음에 서운히 여기지 마소. 자네 몸이 편하면 되지, 아들은 관계치 아니해하네. 장모께는 종이가 없어서 안부도 못 아뢰오니 까닭을 여쭙고, 아이 낳기를 시작하며 사람을 즉시 보낼 일을 좀 아뢰소.[14]

곽주는 아내에게 출산할 기미가 보이면 즉시 사람을 보내 기별하라고 신신당부했다. 그러면서 아내만 건강하면 아들이나 딸이나 상관없다는 말을 잊지 않는다. 하지만 이 편지에서 또 딸을 낳을까 봐 불안해하는 남편과 부인의 마음을 읽을 수 있다. 이때 하씨는 아들을 낳았다.

남편이 첩을 두는 까닭은

조선시대 부부 사이에서 갈등을 야기하는 가장 큰 문제는 단연 첩이었다. 조선 왕조에서는 국가에서 기혼 남성이 첩을 들이는 일을 용인했다. 하지만 부인 입장에서 첩의 존재는 부부 사이의 신뢰를 깨는 행위였다.

무엇보다도 조선 후기에 사회적으로 아들 선호가 더 강해지자 첩을 옹호하는 발언도 거세졌다. 아내가 아들을 낳지 못하면 첩을 들일 수 있다는 주장이 설득력을 얻었다. 조선 전기에 딸에게도 똑같이 나눠주던 재산이 아들과 장자 우대 상속으로 바뀌고, 제사도 장남이 지내는 사회로 바뀐 결과였다.

《증보산림경제》의 저자 류중림은 "남자 나이 40이 됐는데도 아들이 없어서 후사를 의탁할 데가 없으면 반드시 온 집안이 서로 의논해 첩을 선택한다. 성격이 온순하고 병 없는 좋은 여자를 택해 다른 집에 따로 두고 자식을 구하고자 해야 한다"[15]라고 했다.

조선 후기 실용 학문의 연구자이자 국왕 정조의 신뢰를 받은 이덕무는 "남편이 첩을 두는 것은 부인에게 고질병이 있어 집안일을 직접 하지 못하거나, 오래도록 아들이 없어 제사를 받들 수 없는 데서 연유한다. 이 경우 남편이 설령 첩을 두고자 하지 않더라도 옛날 어진 아내는 반드시 그 남편에게 권해 널리 현숙한 사람을 구해 잘 가르쳐 자신의 노고를 대신하게 했으니, 어느 겨를에 질투하겠는가?"[16]라고 주장했다.

19세기의 사상가인 최한기도 "아내가 아이를 낳지 못하면 첩을

'다남(多男)'이 새겨진 실패, '다남자(多男子)' 베개 ⓒ국립민속박물관

'부귀다남(富貴多男)' 댕기, '수부다남(壽富多男)' 별전 ⓒ 국립민속박물관

얻지 않을 수 없으니, 이는 아이를 낳고 기르기 위해서다"[17]라고 말한다.

이처럼 남성이 첩을 둬야 하는 이유로 대부분 아들을 낳지 못하는 부인을 거론했으니 씁쓸하다. 실제로는 이미 아들이 있는데도 첩을 둔 경우도 적잖았기 때문이다. 여성이 첩 때문에 얼마나 큰 고통을 겪었는지를 알려주는 자료가 있다.

16세기 중후반 한양에 거주하던 신천 강씨(信川康氏)는 혼인한 딸에게 보낸 한글 편지에서 본인의 심정을 이렇게 털어놓았다. 당시 남편 김훈이 환갑 무렵에 찰방(察訪, 종6품 지방 벼슬)으로 나가면서 첩을 얻고자 했으며, 이 부부에게는 이미 딸 넷과 아들 셋이 있었다.[18]

남자 종이나 남이 투기한다고 할까 봐 아픈 티도 내지 못한다. 정말 마음을 둘 데 없어 이 글을 쓰노라. (······) 이렇게 앓다가 너무 힘들면 내 손으로 죽고자 한다. 암말 않고 소주를 독하게 해서 먹고 죽을까 생각도 한다.[19]

또 아들을 낳지 못한 여성이 첩 때문에 겪는 마음고생은 20세기 초반 어느 남성의 편지에서도 잘 읽을 수 있다. 이 편지는 첩을 얻으려는 남편 때문에 속을 끓이는 여동생에게 오빠가 보낸 것이다. 이 오빠는 여동생에게 매제가 첩을 얻으러 간 일이 어찌 됐는지 알지 못해 답답하다면서 "설사 간 일이 결코 성사될지라도 누이의 넓은 소견으로 깊이깊이 생각을 잘해 집안에 불안한 일이 없기를 천만 바라고 바라네" 하고 다독였다. 편지 내용 중 일부를 소개하면 다음과 같다.

여자의 직분은 혼인하면 아들 낳는 것이 첫 일이라 누구를 원망하고 누구를 탓할 수 없는 것이니 깊이깊이 생각해 조심하게. 또 다른 사람을 두고 보면 본처에게 생산 못 하다가 첩이 생산하면 처첩이 모두 생산하니, 이 일로 보면 매제가 첩을 얻으면 혹 누이도 아들 낳을 징조가 오니 그리 알고 근심치 말고 지내기를 바라고 바라네.[20]

그러면서 아들을 낳기 위한 처방으로 "소식이 날 때 다수채 세 점을 먹어야 한다네"라는 말을 잊지 않았다. 여동생에게 생리가 올 때 먹으라고 권한 '다수채'가 무엇인지 알 수 없으나, 민간에서 통용된 아들 낳는 비법이었을 것이다.

조선시대에 자식은 후사를 잇기 위해 대단히 중요했다. 자식을 두지 못한 사람은 선조와 후손 세대를 단절시킨 큰 죄를 지었다고 여겨졌다. 이런 분위기에서 아들의 존재는 대단히 소중했고, 부인이 아들을 낳지 못하면 첩을 들일 수밖에 없다는 주장도 공공연히

설득력을 얻었다. 여성은 이런 논리 앞에서 적절한 대비책을 갖지
못한 채 아들 낳기에 전력했다.

아들 낳는 법,
구전으로 전하고
기록으로 남기다

임신 뒤 3개월째가 중요하다

의학적으로 태교는 태아의 성장 단계와 밀접한 관련이 있다. 조선 시대의 각종 의서에는 태아의 성장 단계가 구체적으로 설명되어 있다. 태아의 성장 단계에서 눈여겨볼 사항은 임신한 지 3개월이 되면 이미 태아의 성별이 구별되며, 4개월째에는 사람의 형체를 갖춘다는 점이다.

임신 1개월의 태아를 백로(白露, 흰 이슬)라 하고, 2개월이 되면 복숭아 꽃에 비유한다. 3개월이 됐을 때 우신이 먼저 생기면 남자가 되니 음이 양을 감싼 것이고, 좌신이 먼저 생기면 여자가 되니 양이 음을 감싼 것이다. -《동의보감》〈잡병편〉'소아'

19세기 초 민간에서 유통된 《만보촬요(萬寶撮要)》(1905)라는 책이 있다. 여기에 개월 수에 따른 태아의 성장 단계를 표시한 그림이 나온다. 이 그림에 따르면 임신한 지 3개월이 되면 태아는 완전하진 않지만 사람의 형체가 뚜렷이 형성된 상태다.

허준은 《동의보감》에서 태아의 성장 단계를 자세히 설명했다. '열 달 동안 태아를 기름'[21]이라는 제목으로 임신 첫 달부터 열 달까지 변화하는 태아의 상태와 임신부의 유의 사항을 상세히 적었다. 여기서도 3개월을 태(胎)로 규정하고 남녀의 구별이 생긴다고 했다.

- 1개월: 배(胚). 태반이 형성되고 27일이 지나면 구멍이 자연히 엉겨서 한 개의 이슬방울처럼 된다.

- 2개월: 운(腪). 또 27일이 지나면 2개월이 되면서 이슬방울 같은 것이 붉은빛으로 변해 복숭아꽃 꽃술같이 된다. 이달에 배 속에서 움직이거나 움직이지 않거나 하므로 임신을 의심하게 된다.

- 3개월: 태(胎). 또 27일이 지나면 3개월이 된다. 남녀 구별이 생기면서 코와 남녀의 생식기가 뚜렷이 구별되며 몸체를 은연히 알 수 있다.

- 4개월: 이달에는 남녀의 구별이 분명하고 형체가 갖춰지고 육부가 생긴다.

- 5개월: 음양의 기가 생겨나고 힘줄과 사지가 이뤄지고 털이 나오기

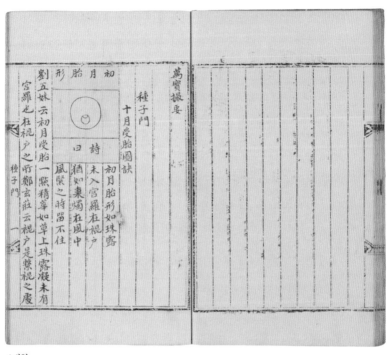

種子門

十月受胎圖訣

初月胎形

日　詩

初月胎形如珠露
未入宮羅在視戶
猶如東燭在風中
風緊之時留不住

劉五妹云初月受胎一點精華如草上珠露凝未有
宮羅也在視戶之所鄭玄莊云視戶是繫視之處
種子門
一

1개월

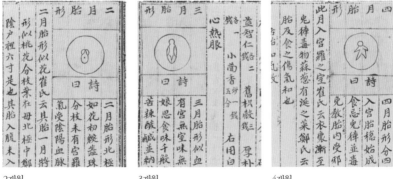

二月胎形

日　詩

二月胎形似花枝
如花初綻蕊珠
分枝未有宮羅
氣受陰陽血脉

二月胎形似花枝崔氏云具胎一月將
形似桃花分枝葉在毋北極中鄭
陰戶裡六寸是也其胎入腹未入

2개월

三月胎形

形胎月三

日　詩

三月胎形似血
有宮無室味無
娘思食味干殷
苦辣酸鹹亞納

心熱服

查智仁錢二
戈一　舊枳殼錢三
錢一　小茴香三兩一錢
右曰白　孕朴

3개월

四月胎形

形胎月四

日　詩

四月胎形今四
入宮胎穩始成
食忌兔律並毒
免教胎內受邪

此月入宮羅之室崔氏云衣裹漸至
兔蜂毒物蒜葱有涎之菜鄭氏云
胎及食之傷氣和也

4개월

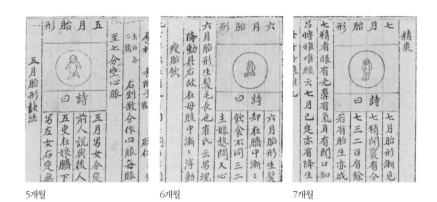

5개월 6개월 7개월

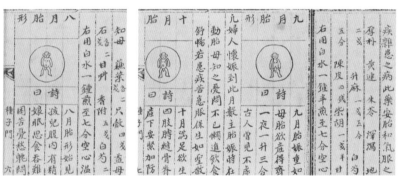

8개월 9개월(우), 10개월(좌)

《만보촬요》에 나오는 태아의 성장 단계도

ⓒ 한국학중앙연구원 장서각

시작한다.

- 6개월: 힘줄이 완전해지고 입, 눈 등이 이미 완성된다.
- 7개월: 뼈가 완전해지고 피부와 털도 이미 완성되며 왼쪽 손을 움직인다.
- 8개월: 피부가 이루어지고 형태가 점점 자라며 규(竅, 눈·코·입·귀·항문·소변 구멍)가 다 생기고 오른손을 움직인다.
- 9개월: 피부와 털, 모든 뼈마디가 완전해지고 몸이 세 번 돌아간다.
- 10개월: 기를 충분히 받아서 오장육부가 다 통하고 뼈마디와 신기가 다 갖춰진 다음에 나오게 된다.

또 허준은 열 달이 지나서 낳으면 그 아이가 잘살고 오래 산다고 보았다. 이에 비해 열 달이 차지 않아서 낳으면 몸이 약해서 일찍 죽을 수 있다고 보았다. 즉 태아가 어머니의 배 속에서 열 달 이상 있으면 더 건강해진다고 본 것 같다.

구전으로 전하고 기록으로 남기다

한국에서 태아의 성별을 점치는 풍습은 기원이 깊어서 고구려로까지 거슬러 올라간다. 근대 한국학자 이능화[22]가 소개한 최초의 사례는 《삼국사기(三國史記)》에 나오는 고구려의 제10대 임금 산상왕(재위 197~227)과 얽힌 일화다.

산상왕은 고국천왕의 둘째 동생이다. 고국천왕이 죽자 형수인 왕후 우씨의 도움으로 다른 형을 제치고 왕위에 올랐다. 왕위에 오른 산상왕은 형수를 아내로 삼았다. 하지만 산상왕은 우씨에게 후사가 없자 우씨의 반대를 무릅쓰고 주통촌 출신의 후녀(后女)와의 사이에서 아들을 낳았다. 그리고 이 여성을 후궁으로 삼았다.[23]

《삼국사기》에 이 주통촌 출신 여성인 후녀에 관한 이야기가 전해온다. 그녀의 어머니가 임신했을 때 무당에게 점을 치자 반드시 왕후가 될 딸을 낳을 거라는 점괘가 나왔다. 이후 딸을 낳자 기뻐하면서 지존을 뜻하는 '후(后)' 자를 넣어 '후녀'라는 이름을 지었다. 그리고 그 이름대로 딸은 산상왕의 후궁이 됐다.[24]

이처럼 우리 역사에서 태아의 성별을 점치는 일은 오래됐지만, 본격적인 기록은 대체로 조선시대에 나타난다. 관련 내용은 크게 세 가지로 나눌 수 있다. 첫째, 태아가 아들인지 딸인지 구별하는 방법이다. 각종 문헌에는 '변남녀법(辨男女法)'이라고 나온다. 둘째, 임신 중 딸을 아들로 바꾸는 방법이다. 이는 '전녀위남법(轉女爲男法)'이라고 하는데, 여기에는 다시 두 가지 방법이 있다. 하나는 임신하자마자 비방을 써서 처음부터 태아를 아들로 기르는 방법이고, 다른 하나는 태아가 딸로 판별될 경우 아들로 바꾸는 비법이다. 셋째, 아들을 임신하는 방법이다.

이 세 가지 가운데 첫 번째와 두 번째인 아들딸 구별법과 임신 중 딸을 아들로 바꾸는 방법이 내용도 많고 다양하다. 그 밖에 혼인 전에 여성이 아들을 잘 낳을 수 있는 신체 조건을 갖췄는지도 초미의 관심사였다. 그래서 아들 잘 낳을 여성의 관상을 보는 방법 또는 이와 반대로 딸 낳을 여성의 관상을 보는 방법도 있었다. 이 역시 아들 낳기에 대한 사회적 바람이 반영됐다고 할 수 있다.

한편 아들 낳는 비방이 넘쳐나는 세태를 비판한 사람도 있었다. 바로 이빙허각(李憑虛閣)이다. 그녀 역시 《규합총서(閨閤叢書)》(1809)에서 〈임신 중 여아를 남아로 바꾸는 법〉을 소개했다. 그러면서도 그녀는 이 부분에 대해 의서에 분명히 기록되어 있고 민간에서 경험한 사람도 있어 책에 소개는 하지만, 이는 태아를 위태롭게 하는 행위라고 지적했다. 이빙허각은 "만일 담력이 크지 못해 한밤중에 섬뜩하고 놀라면 도리어 태가 흔들리기 쉽고 또 백세의 죄인이 될까 두렵다"[25]라고 우려했다.

아들 낳는 방법을 실은 책은 주로 의학서다. 고려 말부터 조선 초까지의 향약(鄕藥)과 각종 경험방(經驗方)을 집대성한 의서 《향약집성방》에는 임신 중 여아를 남아로 만드는 법이 실려 있다. 노중례가 편찬한 《태산요록(胎産要錄)》에도 임신 중 여아를 남아로 만드는 법이 실려 있다.

허준은 《언해태산집요(諺解胎産集要)》에 '태아가 아들인지 딸인

아들 낳기 비방을 실은 책

분류	책이름	책을 펴낸 시기	내용
의서	향약집성방	1433년(세종 15)	·임신 중 딸을 아들로 바꾸는 방법
	태산요록	1434년(세종 16)	
	의방유취	1445년(세종 27)	·태아가 아들인지 딸인지 구별하는 방법
	언해태산집요	1608년(선조 41)	·임신 중 딸을 아들로 바꾸는 방법
	동의보감	1610년(광해 2)	·태아가 아들인지 딸인지 구별하는 방법 ·임신 중 딸을 아들로 바꾸는 방법 ·맥을 짚어 태아의 성을 알아내는 방법
	단곡경험방	숙종~영조 연간	·임신 중 딸을 아들로 바꾸는 방법
	의본	19세기	·태아가 아들인지 딸인지 구별하는 방법 ·임신 중 딸을 아들로 바꾸는 방법
	수세비결	1929년	·임신 중 딸을 아들로 바꾸는 방법
일반서	증보산림경제	1766년(영조 42)	·태아가 아들인지 딸인지 구별하는 방법 ·임신 중 딸을 아들로 바꾸는 방법
	규합총서	1809년(순조 9)	·태아가 아들인지 딸인지 구별하는 방법 ·산달이 되기 전에 딸을 아들로 바꾸는 방법 ·또 다른 비방, 아들 낳기

지 구별하는 법'과 '임신 중 여아를 남아로 만드는 법'을 수록했다. 그리고 《동의보감》에는 임신한 여성의 배 모양이나 행동을 통해 딸인지 아들인지 알아내는 법, 임신 4개월에 맥을 짚어 태아의 성별을 구별하는 법, 임신 중 여아를 남아로 바꾸는 법 등을 소상히

소개했다.

　또 아들 낳는 법이나 태아의 성별을 바꾸는 방법은 의서 외에 다양한 책에서도 다루었다. 대표적으로 후대 실용 지식서에 큰 영향력을 미친《증보산림경제》에는 아들을 잘 낳을 수 있는 여인상을 보는 법, 아들 낳는 약방문, 임신 시기, 아들 낳는 체위, 태아의 성별을 미리 아는 법, 임신 중 여아를 남아로 바꾸는 법이 자세히 나온다.

태아가 딸인지 아들인지 구별하는 방법

조선시대에 태아가 딸인지 아들인지 구별하는 방법은《의방유취(醫方類聚)》에 처음 보인다. 이후《언해태산집요》,《동의보감》,《의본(醫本)》등의 의서에도 나타난다. 의서뿐 아니라《증보산림경제》나《규합총서》같은 일반 책에도 유사한 내용이 등장한다.

　의서나 일반 책에 나오는 태아의 성 구별법은 대부분 중국 왕조의 의서인《맥경(脈經)》(중국 진한시대)이나《고금의감(古今醫鑑)》(중국 명)을 참조한 것이다. 그래서《의방유취》를 비롯해《언해태산집요》,《동의보감》의 내용이 다 비슷하다. 대표적으로 허준의《언해태산집요》의 내용을 소개하면 다음과 같다.[26]

- 부인의 배를 만져보아 잔을 엎어놓은 듯하면 남아, 팔꿈치처럼 울퉁불퉁하면 여아다.
- 임신부를 남쪽을 보고 가게 하고 다시 불렀을 때 왼쪽으로 고개를 돌리면 남아, 오른쪽으로 고개를 돌리면 여아다.
- 임신부가 화장실을 가는데 남편이 뒤에서 빨리 불렀을 때 왼쪽으로 고개를 돌리면 남아, 오른쪽으로 고개를 돌리면 여아다.
- 임신부의 척맥(尺脈, 맥박의 하나)이 왼쪽이 크면 남아, 오른쪽이 크면 여아다.
- 부인이 임신해 왼쪽 가슴에 멍울이 있으면 남아, 오른쪽 가슴에 멍울이 있으면 여아다.

《증보산림경제》에 나오는 내용도 비슷하다.[27] 임신한 여성의 배가 잔을 엎어놓은 모양이면 아들로, 팔꿈치처럼 울퉁불퉁하면 딸로 보았다. 여성의 왼쪽 가슴에 멍울이 있으면 아들, 오른쪽 가슴에 멍울이 있으면 딸이라고 했다. 임신부를 남쪽으로 가게 한 뒤 다시 불렀을 때 왼쪽으로 머리를 돌리면 아들, 오른쪽으로 머리를 돌리면 딸로 보았다.

《증보산림경제》에서는 임신한 여성의 얼굴을 살펴서 구별하는 법도 소개했다. 여성의 두 눈 아래가 희고 빛나며 코끝의 빛이 밝고 인당(印堂) 부위가 윤택하면 아들이고, 두 눈 아래가 푸르고 어두우면 딸이라고 했다. 더구나 두 눈 아래가 어둡고 푸른빛을 띠면 난산할 가능성이 높다고 했다. 그 밖에 맥(脈)으로 아들, 딸을 구별하는 방법도 소개했다. 왼쪽 맥이 빠르거나 크게 뛰면 아들, 오른쪽 맥이 빠르거나 크게 뛰면 딸이라고 했다.

《규합총서》에서도 임신한 여성을 남쪽으로 가게 한 뒤 뒤에서 부르거나, 뒷간에 갈 때 남편이 불러 왼쪽으로 돌아보면 아들, 오른쪽으로 돌아보면 딸이라고 했다.[28]

이렇듯 다양한 실험에서 양(陽)에 해당하는 왼쪽으로 반응하면 아들, 음(陰)에 해당하는 오른쪽으로 반응하면 딸로 파악한 공통점이 보인다.

임신 중 딸을 아들로 바꾸는 방법

임신 중에 딸을 아들로 바꾸는 비방의 핵심은 임신한 뒤 석 달 전까지다. 태아의 성장 단계 중 3개월 전에는 아직 성별이 정해지지 않으므로 약이나 방술로 남아를 만들 수 있다고 보는 것이다. 그래서 임신한 지 3개월 안에 약이나 비방을 쓰게 했다.

《향약집성방》에서는 《부인대전양방(婦人大全良方)》(1237, 중국 송)에 나오는 방법을 소개했다. 임신부의 침상 밑에 도끼를 몰래 넣어두되 도끼날이 아래로 가게 할 것, 임신부가 허리에 활줄을 100일

동안 차고 있다가 풀어버릴 것, 임신한 지 석 달 전에 수탉 꽁지의 제일 긴 털 세 개를 뽑아 임신부의 잠자리에 몰래 넣어두게 했다. 또 남편의 머리털이나 손발톱을 넣어두거나 석웅황 반냥을 옷 속에 차게 했다.

흥미롭게도《향약집성방》에는 딸을 아들로 만드는 방법은 자연의 이치대로 그렇게 되는 것이라고 설명한다. 곧 "수탉 같은 것을 먹는 것은 하늘에서 생긴 온전한 양의 정기를 얻으려는 것이다. 석웅황을 차는 것은 땅에서 생긴 온전한 양의 정기를 얻으려는 것이다"라고 했다.《향약집성방》에 나오는 자연의 이치에 대해 더 들어보면 다음과 같다.

활과 화살을 가지고 다니거나 도끼를 깔아두는 것은 굳센 물건이 사람이 하는 일에 나타나게 하려는 것이다. 그리고 기운을 몰래 통하면 조화가 몰래 옮겨가니 반드시 아이 형체가 완전히 갖춰지기 전인 임신 3개월 안에 해야 한다. 그것은 아직 형체가 이뤄지지 않았을 때 양이 음을 이기게 하여 여아가 남아가 되는 것이니 이치상 당연하다.[29]

허준이 편찬한《언해태산집요》에도 임신한 지 석 달째에는 아직 남녀가 정해지지 않았으므로 약이나 방술로 남아를 만들 수 있다고 보았다. 그러면서《향약집성방》과 마찬가지로《부인대전양방》에 나오는 방법을 소개했다. 첫째, 임신부에게 알리지 말고 부인이 눕는 자리 밑에 도끼를 넣어둔다. 둘째, 석웅황 한 냥을 붉은 주머니에 넣어 왼쪽 허리에 차게 하고, 또 활시위 하나를 허리에 감아둔다. 셋째, 원추리 꽃을 차고 수탉의 긴 털 세 개를 눕는 자리에 몰래 넣어둔다. 넷째, 남자의 머리털과 손톱, 발톱을 자리 아래에 넣어두게 한다.[30]《향약집성방》의 내용과 거의 유사하다.

조선 후기 영조 대의 의관 류중림이 편찬한 생활 경제서《증보산림경제》에 나오는 내용도 다른 의서와 동일하다. 첫째, 동남쪽의 복숭아나무 가지로 새 도끼 자루를 남편이 장일(張日)[31]에 직접 만들어 임신부의 침상 아래에 칼날이 위로 향하게 하여 두고 사람이 보지 못하게 한다. 둘째, 석웅황 한 덩이를 주머니에 차게 한다. 셋째, 활줄을 임신부의 허리에 묶었다가 만 3개월이 되면 풀게 한다. 넷째, 원추리 문양이 새겨진 비녀를 왼쪽 머리에 꽂고 원추리 꽃을 차고 다니게 한다. 다섯째, 수탉의 긴 꼬리 두 개를 침상 아래에 임신부 몰래 두면 즉시 아들이 된다. 여섯째, 남편의 머리털과 손톱, 발톱을 잘라 임신부 몰래 침상 아래 둔다.

앞의 내용에서 공통적으로 아들을 낳기 위해 가까이할 물건으로 도끼, 석웅황, 원추리, 활시위(활줄), 수탉 털 등이 나온다. 석웅황은 천연적으로 광택이 나는 돌로 족두리나 도투락댕기, 노리개등 장식품에 많이 사용됐다. 원추리는 주홍빛 꽃으로 독성이 없어

원추리 ⓒ 산림청

도투락댕기
중앙에 석웅황 큰 것 한 개와 작은 것 다섯 개가 칠보와 함께 장식돼 있다.

ⓒ 국립민속박물관

서 봄에 나물로 무쳐 먹거나 국을 끓여 먹기도 했다. 이 꽃을 말려서 몸에 지니면 아들을 낳는다고 하여 '득남초(得男草)'라고도 했다.

이빙허각이 지은 《규합총서》에는 조금 다른 내용도 나온다. 이 책에서 이빙허각은 산달 전에 딸을 아들로 바꾸는 법을 소개했다.

① 동남쪽의 복숭아나무 가지로 새 도끼 자루를 남편이 장일에 직접 만들어 임신부의 침상 아래 칼날이 위로 향하게 하여 사람이 보지 못하게 두면 남태가 된다.

② 석웅황 한 덩이를 주머니에 차면 양정 기운이 올라 좋은 아들을 낳는다.

③ 원추리 꽃 꽃술을 왼쪽 머리에 꽂으면 아들을 낳는다.

④ 활시위를 허리에 두르기를 100일간 하면 딸이 바뀌어 아들이 된다.

⑤ 남편의 머리털과 손톱, 발톱을 잘라 부인의 침상 아래 몸 닿는 데 두면 즉시 아들이 된다. 수탉의 긴 꼬리 두 개를 침상 아래 몰래 두면 즉시 아들이 된다.

⑥ 왼쪽 몸이 꼬리까지 다 붉은 수탉을 매달아 죽여서 터럭과 발과 내장을 짐승이 먹지 않게 땅을 파고 묻고, 머리까지 고아 남과 나누지 말고 온전히 다 먹고 뼈를 또 모아 묻으면 남태가 된다. 석 달이 넘으면 남녀가 이미 나뉘었으니 영험이 없다.

⑦ 석 달이 채 못 되어 한밤중 삼경에 다른 사람이 알지 못하게 남편의 갓을 쓰고 옷을 입고 홀로 집 안에 우물이 있거든 우물가에 가서 왼쪽으로 세 번을 돌고 축수하기를 "남위양(男爲陽)이요, 여위음(女爲陰)이라"라고 세 번 하고 우물을 굽어보아 스스로 그림자를 비추고 올 적에 돌아보지 않으면 반드시 아들을 낳는다.

①부터 ⑤까지는 앞서 소개한 의서나 생활경제서의 내용과 유사하다. 그런데 수탉의 털과 발, 내장 등을 제거해 고아 먹은 뒤 뼈를 묻고, 한밤중에 남편의 갓을 쓰고 우물가로 가서 주문을 외우는 ⑥과 ⑦은 새로운 내용이다. ⑦의 효험에 대해서는 《박물지(博物志)》에 진성이가 연달아 딸을 열 낳고 그 아내로 하여금 이 법대로 하게 하여 아들을 낳았다고 한다"라고 덧붙였다. 이런 비방의 출처가 어디인지는 알 수 없으나, 아마도 이빙허각이 당시 민간에서 많이 사용하는 방법을 채록해 넣은 것이 아닐까 추측한다.

한편 민간에서는 전녀위남법을 믿었던 것 같다. 예컨대 숙종~영조 연간에 지방에서 활약한 의학자 이진태가 엮은 《단곡경험방(丹穀經驗方)》에는 임신 3개월을 시태라 하여 아직 남녀가 정해지지 않을 때이므로 이 시기까지는 약이나 방술을 쓰면 남아를 낳을 수 있다고 했다. 처음 임신을 알았을 때 도끼를 임신부의 이불 밑에 넣어두되 임신부가 모르게 한다. 만약 믿지 못하겠거든 닭이 알을 품을 때를 기다렸다가 도끼를 둥지 밑에 매달아두면 한 둥지 안의 병아리가 모두 수탉이 되는 것을 경험할 수 있다고 했다.[32]

이 내용은 이창우가 지은 《수세비결(壽世祕訣)》에도 그대로 나온다. 《수세비결》은 이창우가 70년 경험을 통해 유용하다고 판단한 의학 지식을 모아 엮었으며, 1929년 신식 연활자로 간행됐다. 이 의서에서 이창우는 3개월째를 시태라고 하면서 쇠도끼를 상(床) 아래 두고 칼날을 매어 아래로 향하게 하되 부인이 알지 못하게 하라고 조언했다. 그러면서 이 방법에 확신이 있었는지 알을 품은 닭의 둥지에 도끼를 걸어놓으면 병아리가 모두 수컷이 된다고 장담했다.[33]

아들 낳는 비법

아들 낳는 비법은 임신 중 딸을 아들로 바꾸는 방법에 비하면 예상외로 소략하다. 아들 낳는 방법은 크게 두 가지로 나눌 수 있다. 아들을 임신하기 위한 비방과 임신하자마자 태아를 남자로 기르는 비방이다.

이 중 아들을 임신하기 위한 비방이 중요했다. 《증보산림경제》에는 부부가 성교한 뒤 왼쪽 다리를 구부리고 왼쪽으로 누워 자면 아들을 잉태하고, 오른쪽 다리를 구부리고 오른쪽으로 누워 자면 딸을 잉태한다고 나온다. 또 남자의 양기가 왕성해 여자의 음기를 무너뜨릴 수 있는 수단이 있으면 여자의 음정(陰精)이 먼저 흘러나오므로 아들을 임신할 확률이 높고, 만약 양기가 노쇠한 남자가 음기가 왕성한 아내를 만나면 양정이 먼저 나오게 되므로 딸을 임신할 확률이 높다고 했다.[34]

《규합총서》에도 아들 낳는 법이 나오는데, "《본초강목(本草綱目)》에는 2월 정해일(丁亥日)에 복숭아꽃, 살구꽃을 따서 그늘에 말린 다음 무자일(戊子日)에 물에 섞어 조금씩 7일 동안 세 번 먹으면 태기가 있어 아들을 낳는다고 했다"[35]라고 소개한다.

한편 조선시대에는 혼례 날짜를 정하기 위해서도 큰 공을 들였다. 혼례 날짜 정하는 것을 '연길(涓吉)' 또는 '날받이'라 한다. 주로 신부 집에서 오행(五行)을 아는 사람에게 의뢰해 신부와 신랑의 사주를 가지고 손 없는 좋은 날을 고른 뒤 신부가 첫날밤 아들 가질 가능성이 높은 날을 택해 신랑 집에 알렸다. 좋은 날을 정할 때는 남녀궁합지라 할 수 있는 생기복덕법(生氣福德法) 등을 이용했다. 이 방법은 현재 본인의 나이가 팔괘(八卦) 중 어느 괘에 해당하는지를 찾아서 가장 좋은 날로 꼽히는 '생기', '천의(天醫)', '복덕' 등의 날을 찾는 것이다.[36]

의서에는 아들 갖기 좋은 합방 날짜를 제시한 내용도 나온다. 19세기 의서인 《의본》에 따르면, 월경이 막 끝난 뒤에는 금(金)과

〈남녀궁합지〉 ⓒ 화성시 향토박물관

수(水)가 일어나므로 이때 합방을 하면 아이를 잘 가질 수 있다. 그런데 월경이 끝난 뒤 1, 3, 5일째에 합방하면 아들을 낳고, 2, 4일째에 합방하면 딸을 낳는다. 6일째 이후에는 임신이 되지 않는다고 보았다.[37]

《산림경제(山林經濟)》에는 매월 1일부터 10일 사이의 날 중 실수(室宿), 삼수(參宿), 정수(井宿), 귀수(鬼宿), 유수(柳宿), 장수(張宿), 방수(房宿), 심수(心宿)가 드는 날 밤 합방하면 아들을 낳을 수 있으며, 그 아들은 현명하고 장수하고 부귀하며 자신에게 이롭다고 했다.[38]

부부가 합방할 때 조심할 사항도 기록돼 있다. 날짜의 간지에

'병자일(丙子日)', '정미일(丁未日)'처럼 병(丙)이나 정(丁)이 든 날, 초하루와 보름과 그믐, 바람이 심하게 불 때, 비가 많이 올 때, 안개가 심할 때, 매우 추울 때, 매우 더울 때, 천둥과 번개가 칠 때, 날씨가 흐려서 캄캄할 때, 일식이나 월식이 일어날 때, 무지개가 설 때, 땅이 흔들릴 때, 햇빛과 달빛과 별빛 아래, 사당·절·우물이나 부엌·화장실·묘지·관 옆에서는 합방을 삼가야 했다.[39]

한편 《향약집성방》에는 딸을 낳기 위한 비방도 있어 주목된다. "아들을 낳으려면 늘 활을 쏘고 수말을 타고 다니는 것을 생각하며, 딸을 낳으려면 귀고리를 걸고 가락지를 끼고 패물을 차는 것만 생각해야 한다"라거나, "딸을 낳으려면 자황(雌黃, 음지에서 캐낸 석웅황)을 차고 있어야 한다"라고 했다.[40]

참고로 프랑스에도 아들과 딸 구별법이 광범위하게 유포되어 있었다.[41] 프랑스 남부의 랑그도크 지방에서는 임신부의 배 모양이 뾰족하면 딸이고 둥글면 아들이라고 판단했다. 또 임신부가 오른쪽을 많이 사용하면 아들로 여겼다. 또 동전을 굴려 오른쪽으로 떨어지면 아들이고 왼쪽으로 떨어지면 딸로 보았다. 임신부가 집 안으로 들어갈 때도 오른발을 먼저 들여놓으면 아들로 여겼다. 이처럼 프랑스에서는 한국과 달리 오른쪽을 아들, 왼쪽을 딸로 판단했다.

여성 관상을 보다

아들을 얻기 위한 방법 중 아들 잘 낳을 여성을 보는 관상법도 있었다.《동의보감》에는 〈여자 보는 법〉을 두어 임신을 잘 하거나 잘하지 못하는 여성의 얼굴과 신체 특징을 제시했다.[42] 예컨대 성질과 행실이 조화로운 여자는 월경이 고르고 임신도 잘한다, 얼굴 생김새가 험상궂은 여자는 좋지 못한 일이 많고 얼굴이 아름다운 여자는 박복하다, 지나치게 몸이 비대하면 자궁에 지방이 많고 너무여위면 혈이 적어서 아들 낳기에 적당하지 않다고 했다.

《증보산림경제》에도 〈여자 얼굴상을 보는 법〉[43]이 나오는데, 아들을 두어 부귀와 장수를 누릴 수 있는 여성상을 열거했다. 여성이 평소 음식을 절제하면서 남과 싸우지 않고 원망하는 말을 하지 않으며, 어떤 일에도 놀라거나 기뻐하지 않으면 반드시 귀한 아들을 낳는다고 강조했다. 그리고 얼굴이 비록 못생겼더라도 눈이 샛별같고, 입술이 주홍색으로 붉고, 배꼽은 깊숙하고, 뱃살은 두껍고, 허리가 곧고 몸이 단단해 바라보면 위엄 있는 여성이 귀한 아들을 많이 낳는 상이라고 했다. 또 여성은 피부 안쪽에 피가 가득해야 피부가 투명하다고 전제한 뒤, 피부가 윤택하고 머리털이 푸르고검은 것이 귀하고 길어야 좋다고 했다. 여성은 피가 충만하고 기가온화해야 튼실한 아들을 낳는다는 것이다.

이 책에서는 반대로 딸을 낳거나 임신하기 어려운 여성상도 소개했다. 음욕이 왕성한 여성은 딸을 낳고, 또 용모가 아름다운 사람은 복이 별로 없고, 너무 살찐 사람은 자궁에 기름이 가득하고 너무 마른 사람은 자궁에 피가 없어 모두 자식을 잘 낳지 못하는 여성으로 분류했다. 덧붙여 나이가 차지 않은 여성은 음기가 완전하지 못하므로 임신하기 어렵다고 보았다.

《규합총서》에도 〈부인 상격〉이라 하여 여성의 생김새를 풀이해 놓은 부분이 있다.[44] 이빙허각은 여성의 생김새는 반드시 부드러운 것을 근본으로 삼고 맑음을 귀한 것으로 삼는다고 전제했다. 그러면서 눈썹이 빼어나면 귀한 아들을 낳는다고 보았다.

지금까지 언급한 내용 중에는 어린 여성이 임신하기 어렵다고 보는 등 온당한 지적도 있지만, 외모나 분위기가 부드럽고 온화하며 행실이 바른 여성이 아들을 잘 낳는다는 말이 대부분이다. 아들 낳는 능력을 '여성다움'과 일치시키려는 듯 보인다.

2

태교의
시작

한국 사람치고 태교를 모르는 사람은 없다. 그만큼 태교는 현대 사회에서도 여전히 살아 숨 쉬는 유구한 전통이다. 이 친숙한 태교는 기원을 따지자면 중국 주(周) 왕실로까지 거슬러 올라간다. 그리고 한(漢) 대에 이르러 오늘날 우리가 아는 태교의 모습이 만들어졌다. 그러므로 한국의 태교를 이해하려면 중국 왕조에서 이뤄진 태교의 기원부터 살펴볼 필요가 있다.

한국에서 태교에 관한 기록이 처음 등장한 때는 언제일까? 기존 연구에서는 고려의 충신 정몽주의 어머니가 남긴 〈태중훈문(胎中訓文)〉을 최초로 보았다. 하지만 한국에서 태교의 전통은 그보다 훨씬 더 역사가 길다. 태교의 내용이 9세기 말 신라 선승의 일대기를 기록해놓은 탑비에 등장하는 것이다. 따라서 한국에서 태교의 역사는 저 멀리 신라시대까지 거슬러 올라간다.

동아시아
태교의 기원

《신서》의 태교, 중국 주 왕실에서 시작된 태교

지구상에서 태교는 언제, 어디서 시작됐을까? 지금까지 밝혀진 사실에 따르면 중국 주나라까지 거슬러 올라간다.[1] 이미 3000년 전 주 왕실에서는 태아기에 인성이 형성된다고 인식해 태아 교육을 했다고 하니, 태교의 기원이 대단히 오래됐음을 알 수 있다.

　　주 왕실에서 태교를 했다는 근거는 《신서(新書)》에 있다.[2] 《신서》는 《가자신서(賈子新書)》, 《가의신서(賈誼新書)》, 《가씨신서(賈氏新書)》라고도 한다. 중국에 현전하는 문헌 가운데 태교를 언급한 가장 오래된 책으로 꼽히는 《신서》는 기원전 2세기 무렵 한 대의 사상가이자 정치가인 가의(賈誼)가 쓴 것이다.[3] 이 책에 주 왕실에서 어떻게 태교를 했는지가 실려 있다.

가의는 기원전 201년 허난성(河南省) 뤄양(洛陽)에서 태어났다. 《시경(詩經)》과 《서경(書經)》에 능통하고 글도 잘 지어 22세 때 문제(文帝)에게 박사로 발탁됐다. 최연소 박사였다. 가의는 거침없이 개혁안을 제시했고 1년 만에 파격적으로 승진해 태중대부에 올랐다. 하지만 그것도 잠시였다. 24세 때 주변 사람들의 시기로 뜻을 이루지 못한 채 먼 변두리인 후난성(湖南省) 창사(長沙)로 쫓겨나고 말았다.[4]

가의는 열정적으로 자신의 모든 것을 걸고 직언하다가 쫓겨났다. 그래서 조선에서 가의는 왕에게 목숨을 걸고 바른 말을 한 사람으로 통했다. 다산 정약용은 "가의는 말을 할 만한 때에 말했다"라고 하면서, 그가 말을 할 수 없는 때에 말했다가 일 꾸미기를 좋아하는 사람으로 몰려 울분을 품고 억울하게 죽었다고 평가했다.[5]

1780년(정조 4) 《열하일기(熱河日記)》의 저자 박지원은 삼종형 박명원을 따라 청의 수도 베이징으로 향했다. 박명원이 청 고종의 70세 탄일을 축하하기 위한 조선 사절단의 책임자가 되자 수행원으로 따라간 것이다. 박지원은 7월 초 압록강을 건너 만주 벌판에 도착했다. 벌판에 서자 자기도 모르게 말을 세우고 사방을 돌아보면서 "아, 참으로 좋은 울음 터로다. 한번 울어볼 만한 곳이로다!" 하고 감탄했다. 그는 일명 〈호곡장(號哭場, 한바탕 울어볼 만한 곳)〉으로 잘 알려진 글에서 자신의 심정을 가의의 심사에 빗대 이렇게 말했다.

저 가의가 일찍이 울 곳을 얻지 못하다가 참다못해 별안간 선실(宣室,
한 문제가 거처한 궁실)을 향해 한마디 길게 울부짖었으니, 어찌 듣는 사
람이 놀라고 해괴하게 여기지 않았으리요? _박지원, 《열하일기》 〈도강
록〉 7월 8일

이처럼 바른 말을 잘하던 가의가 왜 《신서》에 주 왕실의 태교를
실었을까? 약관의 나이에 박사가 됐다가 쫓겨난 가의는 4년 만에
복권됐다. 당시 28세였다. 문제는 가의가 조정으로 복귀하자 양회
왕(梁懷王)의 태부로 임명했다. 양회왕은 문제가 특별히 사랑하는
아들이었다. 가의가 《신서》에 남긴 〈태교〉는 바로 양회왕의 태부
로 재직하면서 쓴 글이다.[6] 가의는 〈태교〉의 처음을 이렇게 시작
했다.

《주역》에서 말하기를 "그 근본을 바로잡으면 만물이 다스려지지만,
털끝만큼이라도 어긋나면 천리의 차이가 생기게 된다"라고 했다. 그
러므로 군자는 처음을 조심해야 하는 것이다.

모든 일에는 첫걸음이 중요하다는 것이다. 그러면서 "타고난 바

탕대로 이뤄진다고 했으니" 태교법을 귀하게 여겨 얇은 옥판(玉板)
에 써서 금궤에 담아 종묘에 보관해 후세의 경계로 삼을 것을 당부
했다.[7] 그러고는 바로 이어서 청사씨(靑史氏)의 옛 역사 기록[8]에 나
오는 왕실 태교법과 주나라 성왕의 어머니 읍강의 태교를 소개했
다. 청사는 고대의 사관(史官)으로, 푸른 대나무 껍질을 불에 구워
푸른빛과 기름을 뺀 후 거기에 사실(史實)을 쓴 데서 유래한다.

청사씨의 옛 역사 기록에 말하기를 "옛날 태교하는 방법은 왕후가 잉
태해 일곱 달에 이르면 곁방으로 나아간다. 태사는 동(銅, 律管)을 가지
고 방문 밖 왼쪽에서 모시고, 태재는 소반을 들고 방문 밖 오른쪽에서
모신다. 태복은 점치는 도구인 시초와 구갑을 들고 당 아래에서 모시
며, 여러 관원은 각기 직책에 따라 문안에서 모신다. 석 달이 지나 왕
후가 듣기를 원하는 음악이 예악이 아니면 태사는 악기를 만지작거
리며 '익히지 않았습니다'라고 한다. 먹기를 원하는 음식이 바른 맛이
아니면 태재가 소반을 받쳐 들고 조리하지 않으면서 '감히 그러한 음
식으로 태자에게 올릴 수 없나이다'라고 한다" 했다. (……) 주의 후비
가 성왕을 잉태했을 때 서서는 외다리로 서지 않고, 앉아서는 몸을 비
스듬히 하지 않고, 혼자 있을 때에도 발을 뻗지 않고, 비록 화가 나더
라도 욕하지 않았으니, 이를 태교라 한다.[9]_가의,《신서》하,〈태교〉'잡
사'

한(漢)의 5대 황제인 문제는 창업주 고조 이후 혜제와 여후의 집정기를 거쳐 즉위한 황제였다. 문제는 한의 기틀을 다져 나갔지만 아직 가야 할 길이 멀었다. 포악한 진(秦)의 유제를 청산하고 새로운 통치 원리를 세워 내치에 힘쓰며 흉노의 위협을 막아내야 했다. 이때 그의 곁에 가의가 있었다.

가의는 진이 3대도 채우지 못하고 채 50년도 되지 않아 멸망한 것은 나라를 다스리는 법도가 없었기 때문이라고 보았다. 이에 비해 하(夏), 은(殷), 주(周)는 왕이 교육을 중시해 태자가 갓난아기일 때부터 교육을 시작해 융성한 나라를 이룰 수 있었다고 진단했다.

그래서 그는 문제에게 태자 교육을 강조했다. 첫 단추로서 태자 교육은 어머니의 배 속에 있을 때부터 시작해야 하며, 태자가 성장한 뒤에는 스승을 두어 지도해야 한다고 했다. 그렇지 않으면 진이 멸망한 전철을 밟게 될 것이라고 충언했다.[10]

가의가 태교에 대해《신서》에 기록한 것은 태자의 사부로 활약한 경험이 있었기 때문이다. 가의는 위대한 나라의 바탕에는 훌륭한 임금이 있고, 훌륭한 임금은 태자 시절부터 잘 준비해야 하며, 태자 교육은 교육의 첫 단추인 태교에서부터 시작한다고 여겼다. 그래서 임금은 좋은 배우자를 택해야 하고, 그 배우자는 아이를 잉태하는 순간부터 태교를 해야 한다고 주장한 것이다.

《대대례기》의 태교, 《신서》와 똑같은 내용이 실리다

현전하는 동아시아의 태교 문헌 중 가장 오래된 책은 《신서》다. 그런데 태교의 기원을 이야기하거나 태교에 관한 오래된 문헌을 꼽을 때 《신서》보다 더 자주 거론되는 책이 있다. 바로 《대대례기(大戴禮記)》다. 이 책에는 《신서》 〈태교〉의 내용이 몇 글자만 달라진 채 수록돼 있다.

《대대례기》는 중국 한 대의 학자 대덕(戴德)이 엮은 예서다. 《대대례기》의 편찬에 대해서는 중국 경학사(經學史)에 여러 가지 견해가 있다. 그중 가장 널리 설득력을 얻는 주장은 대덕과 대성(戴聖)이 흩어져 있던 의례에 관한 학설을 수집했는데, 대대(大戴, 대덕의 호)가 85편을 골라내 펴낸 책이 《대대례기》이며, 《대대례기》에서 소대(小戴, 대성의 호)가 49편을 다시 추려내 펴낸 책이 《소대례기》라는 것이다.[1]

이후 한 말기의 학자 마융이 《소대례기》를 전했으며, 한 대 최고의 경학자 정현이 이를 이어받아 《주례(周禮)》, 《의례(儀禮)》와 함께 《소대례기》에 주를 달았는데, 이때부터 《소대례기》가 《예기》로 불리게 됐다. 오늘날 사서삼경의 하나로 잘 알려진 《예기》는 바로 《소대례기》를 말한다. 이후 남북조를 거쳐 당(唐) 대에 이르기까지 정학(鄭學), 곧 정현의 학문이 유행하면서 《대대례기》는 점차 흩어

져 사라졌다. 당 대에 이미《대대례기》는 39편으로 줄어들었다고 한다.[12]

사정이 이렇다 보니 대덕에 대해서는 전한 대의 학자라는 사실 외에 알려진 것이 많지 않다. 태어나고 죽은 해도 확실하지 않다. 그렇지만 분명한 사실은 여러 정황으로 볼 때《대대례기》가《신서》이후에 나온 책이라는 점이다. 다소 장황하지만《신서》와 비교하기 위해《대대례기》〈보부(保傅)〉에 실린 태교의 내용을 소개하면 다음과 같다.

태교의 도를 옥판에 써서 금궤에 넣고 종묘에 보관해 후세의 경계로 삼을 것이다. 청사씨의 옛 역사 기록에는 이렇게 말한다. "옛날 태교에 왕후가 아기를 가진 지 일곱 달이 되면 연실(宴室)에 나간다. 태사는 동(銅)을 가지고 방문 밖 왼편에서 모시고, 태재는 소반(鬥)을 들고 방문 밖 오른편에서 모신다. 석 달이 되어 왕후가 듣기를 원하는 음악이 예악이 아니면 태사는 악기를 감추며 '익히지 않았습니다'라고 한다. 먹기를 원하는 음식이 바른 맛이 아니면 태재가 소반을 들고 말하기를 '감히 그러한 음식으로 태자에게 올릴 수 없나이다'라고 한다." (……) 옛날 주의 후비가 성왕을 잉태했을 때 서서는 외다리로 서지 않고, 앉아서는 몸을 비스듬히 하지 않고, 혼자 있으면서도 발을 뻗지 않고, 비록 화가 나더라도 욕하지 않았으니, 이를 태교라 한다.[13]

태교의 내용이 앞서 소개한《신서》와 거의 똑같다.《신서》에 나오는 "태복은 점치는 도구인 시초와 구갑을 들고 당 아래에서 모시며, 여러 관원은 각기 직책에 따라 문안에서 모신다"라는 글이 빠진 것을 제외하고 몇 글자만 다르다.[14] 따라서《대대례기》에 기록된 태교의 내용은《신서》에 기반을 둔 것임을 알 수 있다.

《열녀전》의 태교, 후대의 지침이 되다

중국 역사상 태교와 관련해《신서》,《대대례기》와 함께 주목해야 할 책이《열녀전(列女傳)》이다.《열녀전》은 중국 전한 대의 학자 유향(劉向)이 여성 인물 106명을 열전(列傳) 형식으로 저술한 책이다. 이 책은 후한 대의 반소(班昭)가 쓴《여계(女誡)》(102년경)와 함께 여성용 교육서의 전범으로 꼽힐 만큼 영향력이 컸으며,[15] 조선에도 큰 영향을 미쳤다.

유향은 전한 대 최고의 경학자이자 문학가, 목록학자로 유명했다.《사기(史記)》를 쓴 역사가 사마천(司馬遷)보다 약 70년 뒤에 태어났다. 유향은 황족으로서 한고조 유방의 이복동생인 초원왕(楚元王)의 4세손이다.

유향의 업적 가운데 기억해야 할 것은 선진(先秦) 대의 책을 수집, 분류, 편집하고 바로잡아 중국 최고의 목록서인《별록(別錄)》을 만들었다는 사실이다. 그는 이 책이 완성되기 전에 세상을 떴으나 당대 최고의 문헌학자로서의 진면목을 알 수 있다. 또 그는 잡사(雜史)나 잡전(雜傳), 세상에 드러나지 않은 각종 이야기를 비롯해 일화, 고사, 신화와 전설에 이르기까지 폭넓게 자료를 수집했다. 이런 자료를 기반으로《열녀전》을 비롯해《열선전(列仙傳)》,《열사전(列士傳)》등 인물 열전을 펴냈다. 또 교훈적인 이야기와 문장을 모아서《신서(新序)》와《설원(說苑)》도 편찬했다.[16]

유향이《열녀전》을 편찬한 해는 기원전 16년,[17] 당시 정국은 태후 왕씨의 외척이 정권을 장악한 상황이었다. 임금의 권위를 회복하기 위해서는 여성 중심의 왕씨 권력을 몰아내야 했다. 유향은 이책을 성제(成帝)에게 헌정했다. 군주를 정점으로 한 권력을 수립하기 위해서는 여성의 역할을 바로 인식해야 한다는 사실을 일깨우고자 했기 때문이다.[18] 다시 말해 이 책을 여성이 본받아야 할 모범으로 삼아 여성의 역할을 바로잡고자 한 것이다.《한서(漢書)》〈초원왕전〉에 이 내용이 또렷이 기록돼 있다.

유향은 세속의 풍조가 사치하고 음란해지며, 황후 조씨와 소의 조씨, 첩여 위씨의 무리가 미천한 데서 일어나 예의와 법도에서 벗어나고 있음을 보았다. 그는 황제의 가르침이란 안에서 밖으로 미치는 법이니 가까운 데서 시작해야 한다고 생각했다. 그래서《시경》과《서경》에 기재된 어진 비(妃)와 정조가 곧은 여성, 나라를 일으키고 집안을 빛낸 본받을 만한 여성, 나라를 망친 여성을 선택해 모아서 《열녀전》여덟 편으로 만들었으니, 이로써 천자를 경계하고자 했다.

《열녀전》은 그 인기만큼이나 수없이 베껴졌고, 그 과정에서 자연스럽게 체제도 바뀌었다. 현전하는 《열녀전》은 총 일곱 권으로 구성된다. 모의(母儀), 현녕(賢明), 인지(仁智), 정순(貞順), 절의(節義), 변통(辯通), 얼폐(孼嬖)다. 이 중 태교에 관한 내용은 〈모의〉 '주실삼모(周室三母)'에 나온다.

주실삼모란 주 왕실의 기틀을 세우는 데 적극 동참한 세 명의 어머니로, 태강(太姜), 태임(太任), 태사(太姒)를 말한다. 태강은 주 태왕(고공단보)의 비이자 계력의 어머니이며 주 문왕(文王)의 할머니다. 태임은 계력의 부인이자 문왕의 어머니다. 태사는 문왕의 비이자 주나라를 건국한 무왕(武王)의 어머니다. 이름 앞에 붙는 '태' 자는 '크다'는 의미의 존칭으로 추정되며, 강·임·사는 출신 씨족 명칭이다.[19]

《열녀전》에 따르면 중국 왕조에서 가장 먼저 태교를 실행한 여성은 태임이다. 《열녀전》〈모의〉 '주실삼모'에는 태임이 "문왕을 임신했을 때 나쁜 것을 보지 않았고, 음란한 소리를 듣지 않았고, 오만한 말을 하지 않았다. 이처럼 태교를 잘했다"[20]라고 나온다.

이어서 '군자는 말한다'는 형식으로 유향 본인의 의견을 논리적으로 설파했다.

> 태임은 태교를 잘했다. 옛날에는 부인이 아기를 잉태하면 모로 눕지 않고, 모서리나 자리 끝에 앉지 않았으며, 외다리로 서지 않았고, 거친 음식을 먹지 않았다. 자른 것이 바르지 아니하면 먹지 않았고, 자리가 바르지 않으면 앉지 않았다. 현란한 것은 보지 않았고, 음란한 음악은 듣지 않았다. 밤에는 소경 악관(樂官)에게 시를 읊게 하고 올바른 이야기만 하게 했다. 이와 같이 하여 아이를 낳으면 모습이 반듯하고 재주와 덕이 남보다 뛰어난 법이다.[21]

유향은 태교를 하여 낳은 아이는 모습이 반듯하고 재주와 덕이 뛰어나기 때문에 아이를 가졌을 때는 반드시 감정을 신중히 해야 한다고 했다. 어머니가 선하게 느끼면 아이도 선해지고 나쁘게 느끼면 악해지기 때문이다. 그러면서 사람이 태어나 부모를 닮는 것은 모두 그 어머니가 밖에서 느낀 것이 태아에게 고스란히 전해졌기 때문이라고 했다.

《열녀전》에는 눈여겨볼 점이 하나 있다. 가의의 《신서》에는 성왕의 어머니이자 무왕의 비인 읍강의 태교가 실려 있는데, 《열녀전》에서는 문왕의 어머니인 태임의 태교를 강조했다. 《신서》와

《열녀전》에 나오는 태교의 내용은 거의 유사하나 인물만 달라진 것이다.

읍강은 중국 왕조에서 그다지 주목받지 못한 여성이다. 이에 비해 태임은 '주실삼모' 중 가장 칭송받는 여성이다. 《시경》〈대아(大雅)〉 '문왕'에서는 태임을 이렇게 높이 평가했다.

지임씨의 둘째 딸이 지 상(商)으로부터
주(周)로 시집와 주 왕실의 부인이 되셨네
왕계 할아버지와 함께 덕을 행하시었네
태임이 아기를 잉태하고 낳으시니
그가 바로 문왕이시네

유향이 읍강 대신 태임을 내세운 배경은 자세하지 않다. 아마도 문왕의 덕을 높이기 위해 그의 어머니 태임도 함께 높였을 것이라고 추측할 뿐이다. 지금까지 태교를 논할 때 이 문제는 크게 주목받지 못했는데, 앞으로 관심을 갖고 풀어야 할 숙제다.

끝으로 태교가 주 왕실에서 기원한 배경도 무엇인지 궁금하다. 사실 적절한 답변을 하기는 쉽지 않지만, 상과 주의 차이에서 단서를 구할 수도 있을 것 같다. 학자 사이에 논란은 있으나 대체로 상 사회는 모계 전통이 강했는데, 말기로 갈수록 부권 사회로 전환됐다고 본다. 그리고 주 초기에 성립된 종법제(宗法制)가 부권과 부계 혈통을 제도화하는 중요한 계기가 됐다고 한다.[22] 따라서 '주실삼모'인 태강, 태임, 태사가 어머니의 모범으로 현창되면서, 읍강이 아닌 태임의 태교가 군자를 낳고 기르는 어머니의 태도로서 지속적인 영향을 미쳤다고 판단된다.

종합해보면 태교는 중국 주 왕실에 기원을 두며, 한 대의《열녀전》에서 정립됐음을 알 수 있다.《열녀전》에 실린 태교의 내용은 이후 큰 영향을 미쳐 태교의 모범으로 자리 잡았고, 조선의 태교도 바로 이《열녀전》의 내용을 기반으로 이뤄졌다. 조선 양반의 필독서이자 생활지침서인《소학》에 나오는 태교도《열녀전》의 내용을 그대로 옮겨놓은 것이다.

《안씨가훈》의 태교, 교육과 공부만이 살 길이다

《안씨가훈》이란 책을 한마디로 요약하면 저자가 자손에게 귀족문벌 사회에서 사대부로 살아남는 방법을 일러둔 처세서다. 중국 역사상 가훈서의 효시로 손꼽히는 이 책은 당 대 이후 송을 거쳐 가훈서의 대표 격으로 평가됐으며, 명 대에 이르러 가학과 가훈을 중시하는 기풍과 맞물리면서 주목을 받았다. 청 대에도 여전히 가훈서로서 독보적인 위치를 유지했다.

저자 안지추는 6세기 남조 양(梁) 무제(武帝) 때 귀족 집안에서 태어나 전통 유학을 공부했다. 그러면서도 불교에 귀의해 신앙심이 깊었다. 안지추가 살던 시기는 남북의 왕조가 분열을 거듭하다가 새로운 통일의 시대로 접어든 혼란기였다.

그는 난세의 혼란을 온몸으로 겪어냈다. 한때 서위(西魏)의 포로가 됐는데, 거기서 그는 순식간에 미천한 신분으로 떨어지는 비참한 관료의 운명을 목격했다. 그래서 지금은 중국 역사상 위대한 학자 가운데 한 사람으로 추앙받지만, 실제 그의 삶은 집안을 지키고 미천한 신분으로 떨어지지 않기 위해 고군분투하는 시간이었다.

안지추는 19세 때 상동왕국우상시(湘東王國右常侍)가 되어 관직에 처음 발을 들였다. 이후 우여곡절을 겪으며 양, 서위, 북제(北齊), 북주(北周), 수(隋)를 전전하면서 서위를 제외한 네 왕조에서 벼슬살이를 했다. 그가 주로 근무한 부서는 서책을 다루는 학술 기관이었다. 그는 본인 스스로 학문의 역량이 있었기에 난세에 그나마 벼슬에서 밀려나지 않고 살아남을 수 있었다고 평가했다.[23]

안지추는 평소 자손에게 학문과 교육만이 살 길이라고 강조했다. "학문과 기예를 지닌 사람은 어디서나 편안하게 살 수 있다"라면서 아버지와 형제에게 언제까지나 의지할 수는 없으며, 고향이나 조국도 자신을 보호해줄 수 없다고 여겼다. 일단 떠도는 신세가 되면 도와주는 사람이 없으니 스스로 생활을 해결할 수밖에 없고,

이때 자활의 밑천이 되는 것이 학문이라는 것이다.[24]

안지추가 타국에서 벼슬살이하기 위해 부단히 노력한 이유는 자신의 신분이 '땅이나 갈고 말이나 기르는' 처지로 추락하는 것을 막기 위해서였다. 그래서 그는 아들도 관직에 나아가기를 희망했다. 그는 전쟁으로 초래된 혼란 때문에 불안하긴 하지만 관직에 오를 수만 있다면 미래를 보장받게 될 것이라고 믿었다. 그래서 그는 〈유언〉에서 이렇게 말한다.

우리 형제는 관직에 나아갈 처지가 아니었다. 우리 가문은 기울었고 가족 형제가 아주 적고, 상복을 입어줄 가까운 혈족이라고는 곁에 한 사람도 없다. 타향을 이리저리 떠도는 몸으로 선조의 음덕을 입을 처지도 못 됐다. 그러나 만약 너희를 천한 지위로 떨어지게 한다면 이는 선조를 욕보이는 것이기에 내가 세간의 부끄러움을 무릅쓰고라도 관직에서 밀려나지 않으려고 노력했다.

548년 '후경(侯景)의 난'으로 양이 망하면서 세상도 확 바뀌었다. 이때 안지추는 관리 등용도 예전의 사사로운 관계가 큰 힘을 발휘하지 못하게 될 것을 꿰뚫어보았다. 곧 관리를 선발하는 과거 시험과 같은 새로운 제도에 희망을 걸면서 중소 지주층이 정치 무대로 날아오르는 때가 곧 오리라고 기대했다. 더불어 후손이 가정

교육을 통해 유학의 전통을 계승한다면 오랫동안 잘 살면서 대대로 관리가 될 수 있다고 여겼다. 그래서 난세에도 살아남을 수 있도록 본인의 뼈아픈 체험과 지혜를 담은 《안씨가훈》을 집필한 것이다.[25]

안지추는 서문에서 세상 사람이 아니라 바로 '우리' 집안을 가지런히 정돈하고 자손을 깨우쳐주기 위해 이 책을 지었다고 밝혔나. 〈유언〉에서도 "너희는 마땅히 집안 선대의 학문을 닦아 이름을 드높이는 일을 책무로 삼아야지, 썩어버린 무덤 따위에 미련을 두다가 흔적도 남지 않을 정도로 몰락해서는 안 된다"라고 당부했다. 후손을 향한 절절한 일갈이었다.

《안씨교훈》은 〈자제 교육〉으로 시작하는데 "매우 지혜로운 사람은 가르치지 않아도 성취하고, 아주 어리석은 사람은 가르쳐도 나아지는 것이 없으며, 평범한 사람은 가르치지 않으면 알지 못한다"라면서 교육을 강조했다. 그러면서 태교를 맨 처음 언급했다. 〈자제 교육〉에 나오는 태교의 내용은 아주 간단하다. 《신서》의 내용을 축약해놓은 듯하다.

옛날 어진 임금 시대에는 태교의 법이 있었다. 임신 3개월이 되면 별궁으로 나가 거처했는데, 눈으로는 사악한 것을 보지 않고, 귀로는 망령된 소리를 듣지 않으며, 음악과 음식을 예법에 맞게 절제했다. 이를 옥판에 써서 금궤에 보관했다.

안지추는 조기 교육을 주장했다. 영아기부터 교육을 시작하면 좋은 습관을 몸에 익힐 수 있다고 생각했다. 그 이유를 이렇게 말했다. "공자께서 '어려서 길러진 것은 천성과 같고 습관은 자연과 같다'고 한 말씀이 바로 이것이다. 속담에도 '며느리는 처음 시집왔을 때 가르쳐야 하고, 아이는 어릴 때 가르쳐야 한다'고 했는데, 참으로 옳은 말이다."

험난한 세상을 버틸 수 있는 자활의 바탕으로 교육과 학문을 강조한 안지추가 태교를 맨 앞에 배치한 것은 매우 의미심장하다. 그는 태아가 어머니의 배 속에 있을 때부터 가르쳐야 하며, 일반인도 왕실에서 하듯 태교를 실천하고 아이가 어릴 때부터 잘 가르치면 집안을 일으킬 재목으로 자란다고 생각했다.

조선 왕조에 《안씨가훈》이 소개된 해는 1542년(중종 37)이다. 당시 예조 판서 김안국이 민간의 풍속을 올바른 방향으로 이끌기 위해 서책 18종을 인쇄해 배포하자고 건의했다. 그 서책 가운데 《안씨가훈》이 포함돼 있었다. 김안국은 1517년 《이륜행실도(二倫行實圖)》를 펴낸 주역 중 한 사람이다. 그는 이렇게 말했다.

《안씨가훈》은 북제의 안지추가 지은 책입니다. 자손을 훈계한 글이므로 격언과 훌륭한 교훈이 많습니다. 중간에 흠이 되는 말이 있기는 하나 흠을 버리고 좋은 것을 취하면 풍속을 고치는 데 큰 도움이 될 것입니다. _《중종실록》1542년 5월 7일

김안국이 풍속 교화 도서로 선정한 《안씨가훈》은 그의 예상대로 양반가 가훈서의 표준이 됐다. 집안을 지키고 후손이 낮은 신분으로 추락하는 것을 막기 위해 교육과 학문을 강조한 절박한 속내가 유사한 환경에 직면한 조선의 양반에게도 현실적으로 다가왔기 때문이다.

《여범첩록》의 태교, 여성이 주창한 태교

명말청초의 학자 왕상(王相)은 여성의 덕행 교육을 담은 《여계(女誡)》, 《여논어(女論語)》, 《내훈(內訓)》, 《여범첩록(女範捷錄)》을 엮어서 《여사서(女四書)》를 펴냈다.

《여사서》는 조선에도 큰 영향을 끼쳐서 1736년(영조 12)에는 한글 번역본도 출간됐다. 영조는 "옛날 성왕의 정치는 반드시 집안을 바로잡는 일부터 근본으로 삼았으니, 규방의 법은 바로 임금의 덕화가 미치는 근원이 된다. 이 서적을 간행해 반포한다면 반드시 부덕에 도움이 될 것이다. 다만 한글로 해석한 뒤에야 쉽게 이해할

수 있을 것이다"[26]라고 하며 이 책의 한글 번역을 추진했다.

《여사서》 중 《여계》는 중국 왕조에서 여성이 지은 최초의 여훈서로서 한 대에 반소가 지었다. 《여계》는 《열녀전》과 함께 중국 역사상 최고의 여훈서로 꼽히지만, 이 책에는 태교가 언급되지 않는다.

명 대에 오면 영락제의 비 인효문황후(仁孝文皇后)가 《내훈》을 지어 세상에 내놓는다. 1404년 겨울에 편찬, 1407년 간행되어 후궁은 물론이고 전국의 가정에 배포됐다. 인효문황후는 《여계》의 내용이 소략해 상세한 여훈서가 필요하다는 생각으로 이 책을 지었다.

《내훈》은 총 20장으로 구성된다. 이 중 2장 〈수신(修身)〉의 첫머리에 다음과 같이 눈길을 끄는 내용이 나온다. 정확히 말해 이 글은 《열녀전》에 나오는 태임의 태교를 수신으로 바꾸어놓은 것이므로 태교라고 할 수 없다. 그럼에도 태교할 때의 몸가짐을 여성의 수신 방법으로 환치해놓은 것이 흥미롭다.

흔히 말하기를 태임씨는 눈으로는 나쁜 것을 보지 않았고, 귀로는 음란한 것을 듣지 않았으며, 입으로는 오만한 말을 하지 않았다고 한다. 이와 같은 것이 바로 수신하는 길이 아니겠는가. 말하기를, "그렇다. 이것이 옛사람이 행해온 수신의 도다. 눈으로 나쁜 것을 보면 마음이 현란해지고, 귀로 음란한 가락을 들으면 넋을 빼앗기고, 입으로 오만한 말을 하면 교만한 마음이 쌓인다. 이것은 모두 몸에 해로운 것이다. 그러므로 부인이 앉을 자리를 바르게 하는 것은 사특함을 막기 위해서고, 행동할 때 어긋남이 없게 하는 것은 덕을 이루기 위해서다.[27]

왕상은 이 글에 대해서 "대개 나쁜 것을 보면 성정이 현란해지고, 음란한 가락을 들으면 덕성을 빼앗기고, 오만한 말을 하면 교만한 마음이 생긴다. 이 세 가지는 모두 몸을 해치는 것이다. 그러므로 가만히 있을 때는 바른 자세를 취하고, 행동할 때는 치우침이 없어야 삿된 것을 방지하고 덕을 이룰 수 있다"[28]라고 해설했다. 왕상 역시 태임의 태교를 여성의 수신 방법으로 바꾸어 이해했다.

그렇다면 태교를 본격적으로 언급한 여성은 누구일까? 바로 명말청초의 여성 왕절부(王節婦) 유씨(劉氏)다. 유씨는 《여사서》를 펴낸 왕상의 어머니로, 《여범첩록》을 지었다. 왕상은 어머니 유씨에 대해 어려서부터 글을 잘 짓고, 30세에 남편을 잃고 60년 동안 수절하면서 90세까지 장수했다고 밝혔다.

《여범첩록》은 모두 11장으로 구성되는데, 그중 〈모의(母儀)〉에서 태교를 언급한다. '모의'란 훌륭한 어머니의 자세를 말한다.

아버지는 하늘에, 어머니는 땅에 비유된다. 하늘이 비와 이슬을 내릴 때 땅에 만물이 생기듯이, 부모의 협력으로 자식이 태어난다. 자식의 기골은 아버지를 닮고 성정은 어머니를 닮는다. 옛날에 현명한 여자는 임신을 하면 태교를 특별히 중요하게 취급했다. 그러므로 어머니가 보여주는 모범이 아버지가 행하는 교훈보다 우선적인 효과를 가진다. 즉 어머니의 가르침이 아버지가 말하는 도리보다 더 중요한 셈이다.[29]

아들 왕상이 이 글을 풀이했는데, 다음과 같다.

《예기》에 따르면 옛날에는 부인이 아이를 잉태하면 반드시 태교를 했다. 외발로 서거나 급히 뛰지 않으며, 바른 자리에 앉고, 반듯하지 않으면 먹지 않는 등 보고 듣고 먹는 것을 모두 예에 맞게 했다. 밤에는 장님에게 《시경》과 《서경》을 읊게 했으니, 예와 음악을 듣고 태어난 아이는 모습이 단정하고 재주와 지혜가 특별하다.[30]

《여범첩록》에서 유씨는 아이의 성품은 어머니를 닮기 때문에 어머니의 가르침이 대단히 중요하며, 그래서 옛날의 현명한 여성은 태교를 각별히 중시했다고 강조했다.

태교와 관련해 주목할 만한 여성으로 청 대 말기의 증의(曾懿)도 있다. 증의는 《완화집(浣花集)》,《명란집(鳴鸞集)》,《비홍집(飛鴻集)》,

《완월사(浣月詞)》 등의 시문집과 《의학편(醫學篇)》, 《여학편(女學篇)》, 《중궤록(中饋錄)》(요리책) 등을 저술했다. 《여학편》은 결혼, 부부, 태교, 보육, 영아 교육, 유아 교육, 양로, 가정경제학, 위생으로 구성된다.[31] 태교를 하나의 장으로 서술할 만큼 태교를 중시했음을 알 수 있다.

한국 태고의
기원

고귀한 출산

지구상에 인류가 처음 출현한 시기는 지금으로부터 약 390만 년 전이다. 아프리카에서 오스트랄로피테쿠스라는 화석인류가 살았다. 이후 약 180만 년 전 허리를 완전히 펴고 걸어 다니는 호모에렉투스가 출현해 아시아와 유럽 등지로 퍼져 나갔다. 그러다가 약 20만 년 전 다시 아프리카에서 호모사피엔스가 등장해 세계 각지로 퍼져 나갔다.

인류는 약 50만 년 전부터 불을 이용하기 시작했다. 한반도와 주변 지역에 사람이 살기 시작한 것은 그보다 더 이른 시기로 추정된다. 한반도에서 발굴된 가장 오래된 화석인류는 '역포아이'다. 1977년 평양 대현동 동굴 유적에서 출토된 이 화석인류는 약 10

만 년 전 살았던 것으로 알려졌다. 이후 빙하기가 끝난 1만 년 전부터 한반도와 주변 지역에도 토기와 농경으로 대표되는 신석기 문화가 나타났다.

선사시대에 여성은 신성한 존재로서 경배의 대상이었다. 선사시대에는 의식주가 불안정했기 때문에 풍요와 번성을 기원하는 다양한 종교적 행위가 행해졌다. 이 과정에서 점차 여성을 숭상하는 신앙이 나타났다. 여성의 출산 능력을 경제적 번영을 이끌 신비한 능력으로 인식해 신성하게 여겼기 때문이다. 또 땅의 수확과 여성의 생산 능력을 동일시하는 신앙인 '지모신앙(地母信仰)'도 나타났다.

구석기인은 다산과 번성을 기원하는 의미로 여성 조각상을 만들기도 했다. 1909년 오스트리아의 빌렌도르프에서 발견된 조각이 대표적이다. '빌렌도르프의 비너스'라 불리는 이 여인상은 높이가 11.1센티미터에 불과하지만, 풍만한 가슴과 배, 엉덩이를 가지고 있다.

한국에서도 신석기시대 여성 조각상이 발굴됐다. 1974년 울산 서생면 신암리 유적에서 출토된 '흙으로 빚은 여인상'은 길이 3.6센티미터이며, 가슴과 허리, 엉덩이가 강조된 여성상이다. 또 청동기시대나 초기 철기시대 암각화에서도 여성의 성적(性的) 상징이 새겨진 문양을 찾을 수 있다. 이 같은 여성상이나 암각화에 보이는

흙으로 빚은 여인상. 길이 3.6cm

출산 중인 여성을 표현한 신라 토우. 길이 7.8cm

성적 상징은 여성의 출산 능력이 경제적 생산이나 번성과 연관되어 사회적으로 숭상됐음을 보여준다.

한반도에 들어온 불교 신앙에서도 여성의 재생산 능력을 성스럽게 여긴 흔적을 찾을 수 있다. 삼국의 왕실은 각기 정치 체제를 발전시켜 나가면서 불교를 수용했다. 하지만 이미 뿌리내린 각종 신앙이나 믿음을 대체하고 새로운 종교를 도입하는 일은 결코 쉽지 않았다. '이차돈의 순교'처럼 큰 희생이 따르는 일이었다.

불교 신앙에서 주목할 사항은 관세음보살이 여성의 모습으로 나타난다는 것이다. 원효가 만난 여성으로 현신한 관세음보살은 논에서 벼를 베고 있거나 월경대를 빨고 있다. 이 역시 여성의 출산 능력을 상징적으로 보여주는 예라 할 수 있다.

또 신라시대 고분에서 출토된 토우는 정치적, 종교적 상징성을 띤다. 다정한 부부의 모습을 한 토우도 있고, 임신이나 출산 등 인류의 재생산 과정을 보여주는 토우도 있다. 이런 토우를 보면 고대 사회에서 부부 그리고 임신과 출산이 국가를 이루는 중요한 토대로 존숭됐다는 사실을 잘 알 수 있다.

신라 선사 탑비에 기록된 태교

한국에서 태교에 관한 기록이 처음 나타나는 것은 언제일까? 얼마

태교 관련 내용이 새겨진 신라시대의 탑비

탑비	인물	조성 시기	참고
장흥 보림사 보조선사탑비	보조선사 체징(體澄)	884년(헌강왕 10)	보물 제158호
제천 월광사지 원랑선사탑비	원랑선사 대통(大通)	890년(진성왕 4)	보물 제360호
보령 성주사지 낭혜화상탑비	낭혜화상 무염(無染)	890년(진성왕 4)	국보 제8호

전까지만 해도 고려의 충신으로 추앙받는 정몽주의 어머니가 남긴 〈태중훈문〉을 꼽았다. 하지만 이미 9세기 말 신라시대 선사의 비문에 태교와 관련한 기록이 새겨져 있다.[32] '태교'라는 단어는 물론이고 태교를 행한 구체적인 내용도 찾아볼 수 있다. 그러므로 한국에서 태교의 연원이 깊음을 알 수 있다.

태교의 내용이 담긴 탑비로 현재 가장 시기가 이른 것은 전라도에 있는 '장흥 보림사 보조선사탑비'다. 보조선사 체징은 선문구산(禪門九山) 중 가지산파의 제3조로, 837년 당에 갔다가 840년 귀국했다. 859년 겨울에 보림사로 옮긴 뒤 많은 제자를 길러냈다. 장흥 보림사 보조선사탑비는 보조선사가 입적한 지 4년 뒤인 884년 세운 비로, 비문에 '태훈(胎訓)'이라는 단어를 사용해 보조선사의 어머니가 행한 태교를 언급했다.

보조선사의 어머니는 하늘에 떠 있는 둥근 해의 빛이 내려와 배를 꿰뚫는 태몽을 꾼 뒤 임신을 했다. 그런데 1년이 지나도 출산의

제천 월광사지 원랑선사탑비 ⓒ 문화재청

보령 성주사지 낭혜화상탑비 ⓒ 문화재청

기미가 없자 상서로운 꿈을 떠올리며 좋은 인연을 기도한 뒤 고기와 술 종류의 음료를 끊고 청정한 계율을 태중 교훈으로 삼은 결과 해산해 선사를 낳았다.

비문에 '태교'라는 단어가 직접 표현된 것은 충청북도에 있는 '제천 월광사지 원랑선사탑비'를 꼽을 수 있다. 원랑선사 대통은 856년 당으로 가서 징허대사(澄虛大師)에게 배웠다. 866년 귀국해 월광사에서 선문을 닦아 이름을 알렸다.

원랑선사의 일대기를 기록한 원랑선사탑비는 890년 건립됐는데, 1922년 서울시 경복궁 경내로 옮겨졌다. 이 비문에는 원랑선사의 어머니가 "선사를 잉태한 날부터 예절을 지키고 행동을 조심했으며 경전을 외우는 것으로 태교를 했다. 태어날 때 보니 과연 평범하지 않았다"라고 나온다.

원랑선사탑비가 세워진 890년 충청남도에 있는 '보령 성주사지 낭혜화상탑비'에도 '태교'라는 단어가 보인다. 이 비문은 신라의 대학자 최치원이 지었다. 낭혜화상 무염은 선문구산 중 성주산문의 개산조로 널리 이름을 알린 선승이다. 821년 당에 가서 선법을 배운 뒤 845년 귀국해 공주의 성주사에서 40여 년간 포교했다.

비문에는 "어머니 화씨가 꿈에 긴 팔을 가진 천인(天人)이 연꽃을 내려주는 것을 보고서 임신했다. 얼마 뒤 다시 꿈에 서역의 도인이 나타나서 스스로 '법장'이라 하면서 십계를 주며 그것으로 태교를 하게 했다. 마침내 1년이 지나서 대사가 태어났다"라는 글이 새겨져 있다. 십계는 불교에서 승려나 속인이 지켜야 할 열 가지 계율을 말한다. 종파나 문헌에 따라 여러 종류의 십계가 있는데, 살생, 도둑질, 간음, 거짓말 금지 등이 공통으로 들어 있다.

고려시대의
태교

고려 왕실의 태교

고려시대의 태교 기록은 여러 문헌에 등장한다. 신라의 태교가 탑
비에서만 발견되는 것과는 그 양상이 다른 것이다. 더 주목할 점은
고려 왕실에서 태교의 흔적을 찾아볼 수 있다는 것이다. 태교는 중
국 주 왕실에서 시작했다고 알려져 있는데, 한국에서 왕실 태교가
기록상 등장하는 시대가 고려 왕조다.

조선 초에 편찬된 정사(正史)인 《고려사》에는 태조 왕건의 제4
비인 신정왕태후 황보씨의 탄생에 관한 기록이 남아 있다. 황보씨
는 황주 사람이며 충의공 황보제공의 딸이다. 뒷날 대종으로 추증
되는 왕자 왕욱과 대목왕후를 낳았는데, 대종(왕욱)이 바로 고려를
발전 궤도에 올려놓은 성종의 아버지다.

고려의 제6대 임금 성종은 대종과 태조의 딸 선의태후(태조의 제6비 정덕왕후 유씨 소생) 사이에서 태어난 둘째 아들이다. 성종은 처음으로 전국 열두 개의 큰 읍에 목사를 파견해 임금이 지방을 통치하겠다는 의지를 천명했다. 최승로로 대표되는 일군의 학자로 구성된 두뇌 집단을 운용하고, 최승로가 제안한 〈시무 28조〉를 바탕으로 유교 이념에 입각한 정치를 지향했다.

또 성종은 왕실의 존엄을 높이기 위해 종묘를 세우고 정월에 환구단에서 직접 기도하는 의식을 치렀다. 불교 색채가 농후한 팔관회(八關會)를 폐지하고 12목에 경학박사(經學博士)를 파견해 유교 교육을 강화했다. 사회적으로도 충(忠)을 강조하고 효(孝)를 권장하기 위해 전국의 효자, 절부 등을 발굴해 포상했다.

성종은 어머니가 일찍 죽자 할머니 신정왕태후의 손에서 자랐다. 그래서 할머니가 돌아가시자 그 공을 기리기 위해 시호를 올렸는데, 그 책문에 다음과 같은 내용이 담겨 있다.

일찍이 손금에도 이상한 조짐이 나타났고 모친의 태교도 신령하고 빛났다. 마침 성조(태조 왕건)가 좋은 배필을 선택하실 때 왕후로 간택되어 건국 사업에 도움을 주었고, 부녀의 도리를 수양해 왕후의 위신을 갖추었다. 《고려사》 〈열전〉 '후비(后妃)', 신정왕태후 황보씨

신정왕태후의 총명함과 위엄을 드러내기 위해 어머니의 신령스러운 태교를 강조한 점이 눈에 띈다. 1908년 간행된 《증보문헌비고(增補文獻備考)》에도 이와 유사한 내용이 실렸다. 곧 신정왕태후에 대해 "일찍이 손금이 남달랐고, 또 태교의 신령스러움이 밝게 보였습니다"[33]라고 했다.

고려 왕실의 혼인 형태는 일부다처였다. 그래서 어떤 후비도 계속해서 독점적인 지위를 갖기 힘들었다. 그 때문에 후비에게 출산은 남다른 의미가 있었다. 제일 먼저 혼인해서 제1비가 됐다 해도 아들을 낳지 못하면 다른 후비에게 지위를 내주어야 했다. 후비가 아들을 낳으면 왕이 각종 선물을 내리고 왕비로 책봉했다. 반면에 아들을 낳지 못한 채 죽으면 왕이 상복도 입지 않고 능호도 내리지 않으며 명절에 제사도 지내지 않았다.[34]

신정왕태후는 손자 성종 덕에 죽은 뒤 '태후'의 칭호를 받았다. 그리고 어머니의 태교에 힘입어 지혜로운 여성으로 태어나 왕건의 좋은 배필이 되어 건국에 도움을 주었고, 왕후의 위신도 잘 갖추어 손자까지 잘 키워냈다고 치켜세워졌다.

태교와 임금 교육

12세기 고려 왕조의 내부는 권력 쟁탈을 둘러싸고 크게 요동쳤다.

국왕의 권위에 도전하는 귀족의 움직임이 격렬했고 귀족 사이의 갈등도 심했다. 이자겸의 난(1126)이나 묘청의 난(1135) 등 지배층 내부의 대립이 끊이지 않았다.

이런 상황에서 1170년(의종 24) 무신이 정변을 일으키니, 이것이 고려 사회를 일변시킨 '무신의 난'이었다. 무신의 난은 외형적으로 무신 차별이나 하급 군인에 대한 열악한 처우 등이 계기가 됐으나 결국 지배층의 갈등이 격화되면서 터졌다고 볼 수 있다.

무신의 난 이후 권좌를 차지하기 위한 무인 간의 싸움이 지속되면서 이의방, 정중부, 경대승, 이의민 등이 흥망을 거듭했다. 그러다가 최충헌이 등장해 분쟁에 종지부를 찍었다. 최충헌은 최이(초명은 최우), 최항, 최의에 이르기까지 4대 60년에 걸친 무인 독재 시대를 연 주역이며, 최이부터 최의의 집권기가 몽골과의 전쟁 기간이었다.

무신집권기에 성군의 출현을 기대하면서 왕실의 태교를 강조한 사람이 있었으니, 바로 강창서였다. 강창서는 1211년(희종 7) 국자감시에 합격했다.[35] 고려 왕조에서는 국자감시의 합격자에게 관료에 준하는 대우를 하여 신역과 군역을 면제해주었다.

국자감시 합격 이후 그가 어떻게 살았는지는 기록이 없어 알 수 없다. 다만 《동문선(東文選)》에 실린 〈성왕이 기질을 태교에서 받아 나이와 함께 덕(德)이 풍성해지는 것을 읊은 부(賦)〉를 그가 쓴 것으로 보아 관료 생활을 하지 않았을까 짐작해본다.[36] 중국 주나라 성왕의 어머니인 읍강의 태교를 높이 칭송한 이 부는 태교가 임금의 덕에 끼치는 지대한 영향을 찬미하는 내용이다.

몸은 비록 밖에서 빌린 것이나

선(善)은 반드시 가운데로 말미암은 것

그러므로 성왕이 기질을 태교에서 받아

주 왕실에 덕이 햇수와 더불어 풍성했나니

정(情)은 배 속에서 길러진 법도에 따라

익힌 것이 단정했고

태평의 다스림을 엷이 하늘과 같이하는 운명으로

그 깊이 무궁하도다

옛글을 보건대, 능력이 출중한 임금이

처음 그 기질을 받을 때

혹 구묘(九廟)에서 나이를 저축해 부적으로 내려주고

혹 음양이 화합해 징후로 보이나니

하물며 태교를 힘입어

안에서 맞추며 가운데에 감추었음이랴

임금으로 임하사

도가 높고 덕이 귀하심이 마땅하도다

그러므로 성왕이 왕위를 이은 거룩한 임금으로

신령한 왕비의 태에 있었음은

진작 융창할 시운에 응해 나서

선업(先業)의 어려움을 이어 중흥케 하려는 것이니

어머니 배에 있을 적에

기운을 착하게 받았으니

빈듯한 사람 구실의 아름다움이

해를 따라 넓어짐이라

　강창서가 거룩한 임금의 탄생을 위해 은유적으로 태교를 노래
했다면, 윤소종은 고려 왕조의 중흥을 위해 군주 교육의 일환으로
서 태교를 끄집어냈다. 윤소종은 개혁적 성향을 띤 고려 말의 신
흥 유신(儒臣)이었다. 목은 이색이 과거를 주관할 때 급제하여 이
색과 좌주(座主) 문생(門生)의 관계가 됐다. 좌주와 문생은 마치 부
자지간처럼 긴밀한 유대 관계를 형성해 문생은 좌주를 스승처럼
모셨다.

　하지만 윤소종은 현실 정치에서는 스승과 다른 방향으로 걸었
다. 그는 이성계가 주도한 위화도 회군에 동조했다. 1388년(우왕
14) 위화도 회군은 고려 말 정치 상황을 격변시킨 큰 사건이었다.
이성계는 압록강 하류에 있는 위화도에서 군대를 돌려 최영을 제

거하고 우왕도 강화도로 내쫓았다. 이성계와 정치적 운명을 함께한 그는 정도전, 조준 등과 뜻을 같이하면서 현실 개혁에 나섰다. 스승 이색과 달리 조준이 주창한 토지 개혁에도 찬성했다.[37]

1388년 위화도 회군 직후 우여곡절 끝에 우왕의 아들 창왕이 즉위했다. 창왕의 나이 9세였다. 이런 분위기에서 윤소종은 성리학을 기반으로 하여 군주의 자질에 눈을 돌렸다. 그는 《대학연의(大學衍義)》에 나오는 이제삼왕(二帝三王)의 삼왕(하 우왕, 은 탕왕, 주 문왕과 무왕)을 이상적인 군주로 보고 임금에게 이를 본받아야 한다고 역설했다.

그는 임금 앞에서 경서를 강론하는 서연(書筵)에 나가 창왕에게 "최근 전하께서는 공부에 태만한 형적이 바깥에 나타나고 있습니다. 스승이 물러가기도 전에 글자의 뜻과 음도 알지 못한 채 글을 읽다가 일어섰다 하고, 갑자기 식사 때가 지났다면서 안으로 들어가 버립니다. 이렇게 해서야 전하의 학문이 어찌 진보하겠으며, 임금의 덕을 어찌 수양하겠습니까?"[38]라고 하면서 군주의 공부를 강조했다. 이때 그는 태교에 대해 다음과 같이 언급했다.

옛날의 성스러운 임금은 본래 태교를 받았으며, 포대기에 싸여서는 '보(保)'가 있어서 그의 몸을 보살핌으로써 생활을 적절히 조절해 두려워하며 삼가는 마음을 갖게 합니다. 다음으로 '부(傅)'가 있어서 덕과 의리로써 가르쳐서 이끌며 육체의 욕망을 조절하고 옳지 않은 것을 듣거나 보지 않게 옆에서 돕습니다. 《고려사》〈열전〉 '제신(諸臣)', 윤소종

윤소종의 주장은 중국 한 대의 정치가 가의가 《신서》에서 주장한 내용과 매우 유사하다. 가의는 진나라가 2대도 채우지 못하고 멸망한 것은 나라를 다스리는 도가 없었기 때문이며, 이에 비해 하, 은, 주의 왕은 태자가 갓난아기일 때부터 교육을 시작해서 번창할 수 있었다고 보았다. 따라서 멸망해버린 진의 전철을 밟지 않으려면 후비가 임신했을 때부터 태교를 시작해야 하고 태자가 태어나 성장하면 사, 부, 보라는 스승을 두어 지도해야 한다고 주장했다.

윤소종 역시 고려 왕조가 번영의 길을 가기 위해서는 군주의 공부가 무엇보다도 중요하다고 여겨서 그 시초로 태교를 언급했다. 하지만 이성계가 우왕도, 그 아들 창왕도 왕씨가 아니므로 폐위할 것을 주장했을 때 윤소종은 이에 찬성했다. 창왕은 임금이 된 지 1년 6개월 만에 폐위됐고 곧 우왕과 함께 죽임을 당했다.

역사적 격변기에 성리학이라는 새로운 학문과 이념으로 무장한 윤소종에게 태교로부터 시작하는 교육은 국가 발전을 위한 토대였고, 여기에 걸맞지 않은 군주는 그 자리에 있어서는 안 됐던 것이다. 후대의 관점에서 보면 비정한 정치 세계에서 태교는 교육

이 아니라, 그저 명분과 이념일 뿐이었다.

불심으로 실천한 태교

고려시대에 불교는 종교이자 생활이었다. 남성처럼 사회생활을 할 수 없는 여성에게 불교 신앙의 의미는 더 남달랐다. 생활의 여유가 있는 귀족 여성은 아침에 일어나 불경을 외고 낮에는 길쌈을 하다가 밤이 되면 다시 불경을 읽었을 만큼 불교 경전을 읽고 외우는 일을 일상적으로 했다. 가정에서는 불경을 독송하면서 불심을 신실하게 닦고, 밖으로는 시주 활동을 하면서 신앙을 실천했다. 따라서 태교도 불교 신앙 속에서 이뤄졌다.

태교의 내용이 들어 있는 고려시대 탑비

탑비	인물	조성 시기	참고
강릉 보현사 낭원대사탑비	낭원대사 개청(開淸)	940년(태조 23)	보물 제192호
봉화 태자사 낭공대사탑비	낭공대사 행적(行寂)	954년(광종 5)	보물 제1877호
문경 봉암사 정진대사탑비	정진대사 긍양(兢讓)	965년(광종 16)	보물 제172호
여주 고달사지 원종대사탑비	원종대사 찬유(璨幽)	975년(광종 26)	국보 제6호
충주 정토사지 홍법국사탑비	홍법국사	1017년(현종 8)	보물 제359호
원주 거돈사지 원공국사탑비	원공국사 지종(智宗)	1025년(현종 16)	보물 제78호

〈밀양 박익 벽화묘〉
사적 제459호. 조선 초에 조성된 고려 말 문신 박익의 묘 벽화에서
불공을 드리러 가는 여성의 모습이 보인다. ⓒ 문화재청

고려시대에 조성된 대사나 국사의 탑비 중 태교의 내용이 담긴 것은 여섯 개 정도다. 탑비의 주인공 가운데 원공국사 지종을 제외하면 모두 신라에서 태어났다. 낭원대사 개청, 낭공대사 행적, 정진대사 긍양, 원종대사 찬유, 홍법국사는 신라에서 태어나 고려 초까지 활동한 인물이다. 그런데 이들의 공적을 추모하는 비문을 짓고 탑비를 세운 때가 고려시대이므로 고려에서 통용된 태교가 투영됐으리라고 판단해 고려시대에 포함했다.

'강릉 보현사 낭원대사탑비'는 대사가 입적한 지 10년이 지난 940년 세운 비다. 현재 강원도 강릉시 보현사에 있다. 비문에는 낭원대사의 어머니가 신령한 승려에게 금인(金印)을 받는 태몽을 꾸고 임신했다는 내용이 나온다. 그 뒤 낭원대사의 어머니는 오신채를 비롯해 육류와 생선을 모두 끊고, 엄숙한 태도로 정성을 다해 사원을 세우고 불사를 닦았다고 한다. 비문에 태교라는 단어를 직접 사용하진 않았지만 태교하는 모습을 찾을 수 있다.

'봉화 태자사 낭공대사탑비'는 954년 세운 비다. 현재 서울 국립중앙박물관에 있다. 비문에 따르면 낭공대사의 어머니 설씨는 고기를 먹지 않고 정성을 다해 태교를 하여 대사를 낳았다.

'문경 봉암사 정진대사탑비'는 965년 세운 비다. 현재 경상북도 문경 봉암사에 있다. 비문에는 정진대사의 어머니가 임신을 하자 고기와 오신채를 먹지 않고 부지런히 재계하면서 태교를 실천한 내용이 담겨 있다.

'여주 고달사지 원종대사탑비'는 975년 세운 비다. 경기도 여주 고달사 터에 있다. 비문에 따르면 원종대사의 어머니는 신인(神人)이 아들이 되어 출가해서 교화를 펴겠다는 태몽을 꾸고 임신을 했으며, 그 뒤 정성껏 태교를 봉행했다. 아쉽게도 더 이상의 구체적인 내용은 없다.

'충주 정토사지 홍법국사탑비'는 1017년 세운 비다. 홍법국사는 신라 신덕왕 때 태어나 930년(경순왕 4) 구족계를 받았으며, 당으로 유학을 다녀왔다. 비문은 당대의 문장가이자 명필로 손꼽힌 손몽주가 지었다. 비문에는 "어느 날 어머니가 잠들었을 때 홀연히 침실 들보 위에 한 호승(胡僧, 인도나 서역의 승려)이 승가(僧伽)의 모자를 쓰고 나타나 '어머니!' 하고 부르더니 '내가 연성벽(連城璧, 몇 개의 성과 바꿀 만큼 귀하고 훌륭한 옥)을 당신께 드립니다' 하면서 배 위로 던지자 문득 가슴 속으로 들어오는 태몽을 꾼 다음, 지극 정성으로 태교를 닦아 ○월^{39} 8일 탄생했다"라는 내용이 나온다.

'원주 거돈사지 원공국사탑비'는 1025년 세운 비다. 이 비문에도 원공국사의 어머니가 해산할 때까지 부지런히 불공을 드리고 오신채와 고기를 일절 먹지 않으면서 태교를 했다는 내용이 나온다. "일찍이 어느 날 밤 금찰(金刹)의 한 간주(竿柱)의 끝 아득히 높은 하늘 구름 속에서 눈처럼 흰 눈썹의 스님이 나타나 손을 들어

가리키며 '이는 대위덕명왕(大威德明王: 불교의 수호신인 5대 명왕 중 하나)이니 너는 이를 몸에 잘 모셔라'라고 말하는 꿈을 꾸고서 곧 임신했다. 그 뒤 해산할 때까지 부지런히 불공을 드렸을 뿐만 아니라, 오신채와 고기는 일절 먹지 않으면서 태교를 했다. 아이 낳을 시기가 되어 탄생하니, 기상이 뛰어나고 성품 또한 영특함을 타고났다"라는 내용이다.

이처럼 고려시대에도 신라와 마찬가지로 대사나 국사의 어머니가 임신한 뒤에 오신채를 먹지 않으면서 재계하고 불경을 읽는 등 불교의 가르침대로 태교를 했다. 신라시대에 비해 오신채나 고기 같은 음식물이 구체적으로 언급되는 점이 특징이다. 오신채는 매운맛을 내는 다섯 가지 채소를 말한다. 불교도의 신행 규범 경전으로 널리 받들어지는 《범망경》에는 파, 마늘, 달래, 부추, 흥거(興渠)라고 나온다. 흥거에 대해서는 여러 의견이 있는데, 어떤 식물인지 확실하지 않다.

정몽주 어머니의 태교

고려시대 민간에서 태교를 중시한 정황은 고려 말 기록에서 찾아볼 수 있다. 대표적으로 고려의 충신으로 유명한 정몽주의 어머니 이씨가 남겼다는 〈태중훈문〉이 있다. 이것은 오늘날 학계나 일

반에서 한국 역사상 태교에 관한 가장 오래된 문헌 기록으로 꼽힌다.[40]

그런데 현재 이 글이 어디에 실렸는지는 정확하지 않다. 다만 〈국민보(國民報)〉에서 '정몽주 선생 모당 친저 태중교육론'이라는 제목으로 〈태중훈문〉의 내용을 상세히 소개하고 있어 그 존재를 짐작할 수 있을 뿐이다.[41] 〈국민보〉는 1913년 8월 13일부터 하와이 호놀룰루부에서 국민회가 발간한 〈신한국보〉(1909년 2월 12일 창간)를 이어서 발행한 신문이다.

'정몽주 선생 모당 친저 태중교육론'은 〈국민보〉에 1955년 9월 14, 21, 28일, 10월 5일 총 4회에 걸쳐 연재됐다. 4회의 기사는 다음의 세 부분으로 구성됐다.

1. 태중교육론이 태동하던 시절 꽃 종자를 재배 부인의 소녀 시대
2. 태중 교육 훈문 이씨 부인 〈태중훈문〉
3. 신라·고구려 시대 태중문 삼(三)례

이 기사를 작성한 이는 누구일까? 4회 연재가 끝나는 말미에 '문인화 역'이라는 표시가 있는 것으로 보아 문인화가 번역해 이 기사를 썼다는 것을 알 수 있다. 이 연재 기사에서도 한 가지 아쉬운 것은 〈태중훈문〉의 출처를 밝히지 않아 이 글이 실린 책이 무엇

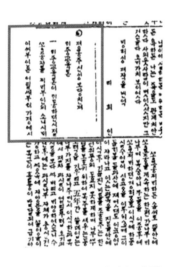

'정몽주 선생 모당 친저 태중교육론',
〈국민보〉, 1955년 9월 14일

인지 알 수 없다는 점이다.

이 기사에 따르면, 이씨 부인은 어릴 때부터 꽃 가꾸기에 각별한 취미를 보이다가 과실나무로 관심을 넓혔다. 그 결과 인간의 유전자에까지 생각이 미쳐 임신의 중요성과 태중 교육에 따라 결실이 결정된다는 태중교육론을 얻을 수 있었다고 한다.

이씨 부인은 "옛 성현의 지나간 행적을 더듬고 그에 관한 책을 읽으면서 나도 그런 위인을 낳았으면 좋겠다는 마음으로 보통 사람이 행하기 힘든 행동을 해야 한다"[42]라고 하면서 임신 중 명심해야 할 다섯 가지를 언급했다. 곧 '물설타인과(勿說他人過, 남의 잘못을 말하지 마라)', '물탐타물(勿貪他物, 남의 물건을 탐내지 마라)', '물탐사리(勿貪私利, 개인의 이익만 추구하지 마라)', '물청사색(勿聽邪色, 음란한 말을 듣지 마라)', '물식부정(勿食不正, 바르지 않은 음식을 먹지 마라)'다. 〈국민보〉에 실린 내용을 일부 소개하면 다음과 같다.

- 물물설타인과하라: 남의 단점과 흉 되는 일을 끄집어내어 말하든가, 사실에 없는 험담을 만들어 시비를 말지어다.
- 물물탐타물하라: 남의 물건을 당초 탐내지 말 것이다.
- 물물탐사리하라: 제 것만 제 것이라 하지 말고 남을 도울 줄 알라.
- 물물청사색하라: 호색남녀들이 서로 모여 음탕한 말을 주고받는 장소에 이르렀을 땐 아예 귀를 기울이지 말 것이며, 그 말에 휩쓸려 자기 스스로 동색담에 입을 놀리지 말 것이다.
- 물물식부정하라: 모든 음식물에 있어서 항상 주의를 게으르지 말 것이며, 매양 식사 시에는 부정한 음식을 취하지 말지어다.

정몽주의 어머니 이씨 부인이 강조한 태교는 첫째, 말조심이다. 남의 단점이나 험담을 하여 다른 사람과 다투지 말라고 했다. 둘째, 탐욕을 버리는 것이다. 처음부터 욕심을 버리고 남의 물건을 탐내지 말라고 했다. 셋째, 선행의 실천이다. 개인의 이익만 추구하지 말고 다른 사람을 도우라고 했다. 넷째, 듣지 말아야 할 것이 있다. 바로 음탕한 말이다. 다섯째, 금기 음식이다. 올바르지 않은 음식은 먹지 말라고 했다.

목은 이색이 강조한 태교

여말선초의 학자 이색도 태교에 주목했다. '종유(宗儒)'로 불리는 이색은 고려 말 백이정, 이제현과 함께 성리학을 보급, 확산시킨 핵심 인물이다. 정몽주, 정도전, 이숭인, 윤소종, 권근 같은 제자만 봐도 이 사실을 알 수 있다.

이색은 중국 원 대의 교육기관인 국자감으로 유학을 다녀왔으며, 공민왕 대에 과거에 급제해 두 번이나 개혁 상소를 올렸다.[43] 1363년(공민왕 12) 제2차 홍건적 침입 때(1361) 안동으로 파천하는 공민왕을 호종한 공을 인정받아 호종공신 1등에 책봉됐다. 1365년에는 신돈이 주도한 개혁 정치에도 참여했다.

이색은 요동 정벌을 반대하고 위화도 회군을 찬성했다. 이성계와 친분을 쌓아 1379년(우왕 5)부터 이미 이성계가 주최하는 주연에 초대받았다. 1381년에는 이성계의 자호(字號)를 지어주었으며, 위화도 회군 한 해 전인 1387년에는 이성계의 부탁으로 이성계의 아버지 이자춘의 신도비문까지 지어주었다.[44]하지만 위화도 회군 뒤에는 정치적으로 이성계와 대립하다가 유배됐다.

고려 말 학문과 정치의 중심에 있던 이색은 〈일을 기록하다(紀事)〉라는 시에서 태교의 중요성을 이렇게 읊었다.[45]

말도 제대로 못 하는 한 쌍의 어린애가

때로 당 북쪽에서 누런 모래를 뭉쳐다가

마당으로 달려와서 조그만 성을 쌓더니

쌓았다 무너뜨렸다 하는 동안 석양이 됐네

그때까지 그만두지 않자 유모가 와서 말리매

손발을 씻고는 떠들지 않고 조용하더니

방에 가서 젖 먹고는 몸도 마냥 편안하군

알괘라, 너는 동(動)해도 생각에 삿됨이 없음을

생각에 삿됨이 없음이 성인(聖人) 만드는 일인데

슬프구나, 헛되이 늙어버린 네 할아비가

이 할아비는 성인 문하의 죄인이로다

늘그막까지 아이를 바르게 할 줄 몰랐네

아이를 바르게 함은 태교에서 비롯되거니

맹모의 삼천지교를 의당 본받아야 하리

이 시가 실린 《목은시고(牧隱詩藁)》는 이색이 젊은 시절부터 말

년까지 크고 작은 일상을 표현한 시를 모아놓은 시집이다. 이색은 부인 안동 권씨와 혼인해 아들 셋을 두었으며, 손자와 손녀가 열다섯 명이나 됐다.

이색은 자녀 교육을 중시해 어린 아들과 손자를 절에 보내 공부시키면서 집안의 명성을 떨어뜨리지 말 것을 당부했다.[46] 고려 말 사대부의 지위를 지키기 위해서는 관직에 오르는 일이 필수였기 때문이다. 이 시에서 이색은 손자를 석양이 질 때까지 마냥 뛰어놀게 한 본인을 자책하면서 교육의 시작은 태교에서 비롯한다고 밝혔다.

3

태
고
의

원
리

전통시대에 한국인이 세계를 이해하는 중요한 사유 체계는 유학과 불교였다. 유학에서 바라보는 임신은 음양과 오행에 따른 자연의 순리에서 발생한다. 유학에서는 인간의 본성을 잘 다스리는 것을 중시해 교육을 강조했다. 그래서 인간이 되는 순간부터 받는 교육의 시초로서 태교에 주목했다.

그러면서도 '태교로 사람의 본성이나 기질을 바꿀 수 있을까?' 하는 의문을 가졌다. 또 '왜 사람마다 품성이 좋기도 하고 나쁘기도 한 것일까?' '왜 좋은 부모 밑에서 성질이 좋지 않은 아이가 탄생하는 것일까?' 하는 질문을 던졌다.

불교에서 바라보는 임신과 태교는 유학의 그것과 다르다. 불교에서 태아는 윤회하는 주체로서 과거의 업에 따라 현세의 부모를 만난다. 곧 태아가 부모를 찾아오는 것이다. 그래서 태교로 태아가 변하는 것이 아니라, 임신한 여성이 태아에게서 영향을 받아 오히려 변화가 생긴다고 여긴다.

유학에서
바라본 태교

임신, 음양오행의 조화

유학에서 인간을 이해하는 바탕은 음양(陰陽)이다. 글자가 처음 만들어졌을 때 '음'과 '양'은 그저 자연 현상을 가리키는 것이었다. 음은 어둡고 양은 밝다는 의미였다. 《춘추좌씨전(春秋左氏傳)》에서도 음양은 천지에 작용하는 여섯 가지 기운 중 차가움과 따뜻함에 해당하며, 여성을 양물(陽物)로 인식했다.

하늘에는 여섯 가지 기운이 있다. (······) 차가움(陰), 따뜻함(陽), 바람(風), 비(雨), 어두움(晦), 밝음(明)이다. (······) 차가움이 지나치면 한질(감기)이 생기고, 따뜻함이 지나치면 열병이 생기고, 바람이 지나치면 팔다리에 고치기 어려운 병이 오고, 비가 지나치면 뱃병이 생기고, 어두움이 지나치면 정신병이 생기고, 밝음이 지나치면 심장병이 생긴다. 여자는 양물이지만 어두운 시간에 만나게 되니, 그것이 지나쳐 생기는 병으로 속에서 열이 나고 정신이 혼미해지는 것이다. 《춘추좌씨전》, 소공(昭公) 원년

중국 북송 대의 성리학자 주돈이(周敦頤)는 《태극도설(太極圖說)》에서 이렇게 말했다.[1] 《태극도설》은 우주의 형성과 인류의 근원을 259자(字)로 그림과 함께 밝혀 놓은 책으로, 성리학의 개념 정립에 지대한 영향을 미쳤다.

태극은 무극(無極)이다. 태극이 움직여 양을 낳고, 그 움직임이 극에 달하면 고요해져 음을 낳으니, 고요함이 극에 달하면 다시 움직인다. 이렇게 한 번 움직임과 한 번 고요함이 서로 그 근원이 되어 음으로, 양으로 갈린다. 양이 변하고 음이 그에 화합해 수(水), 화(火), 목(木), 금(金), 토(土)의 오기(五氣)를 낳고, 오기가 조화롭게 퍼져 사계절이 운행된다. 오행(五行)은 하나의 음양이요, 음양은 하나의 태극이다. 태극은 본래 무극이다.

곧 세상은 태극, 음양, 오행, 남녀, 만물의 순서로 구성된다고 보았다. 태극은 음과 양의 두 기(氣)로 나뉘고, 거기서 다시 수, 화, 목,

금, 토의 오행이 생겨난다. 이어서 이것들이 다양하게 조합되어 '건도(乾道)는 남(男)을 이루고, 곤도(坤道)는 여(女)를 이루어' 남성적인 것과 여성적인 것이 생기고, 이 남성적인 것과 여성적인 것의 교감으로 만물이 생겨나며, 만물은 생생해 변화가 무궁하다.

이를 거꾸로 말하면 만물은 오행으로 환원되고, 오행은 음양으로 환원되고, 음양은 태극으로, 태극은 무극으로 환원된다. 인간의 탄생도 음양과 오행의 조화에 따라 이뤄지는 것이다. 《향약집성방》에는 이런 내용이 나온다.

대체로 음양은 서로 길러주고 도와준다. 음양이합론(陰陽離合論)에서는 "하늘은 덮어주고 땅은 받쳐주기 때문에 모든 물질이 생기는데, 양은 정기를 주고 음은 주인이 된다"라고 했다. 봄기운으로 돋아나고 여름 기운으로 자라며, 가을 기운으로 거둬들이고 겨울 기운으로 간직하는 것이다. 만일 이 법칙을 어기면 하늘과 땅이 사방으로 막힌다. 사리에 밝지 못한 사람은 이런 것을 알지 못하기 때문에 자연의 법칙을 외면하고 자식을 낳으려는 술법을 쓴다.[2]

음양이 서로 길러주듯이 남녀 역시 자연의 법칙처럼 상호보완적인 관계가 된다. 임신 역시 음양오행에 따른 자연의 법칙이다. 그러므로 자연의 법칙인 달수에 따라 순응하고, 해야 할 일을 하면

서 몸이 상하는 일을 하지 않는 것이 아이를 낳아 키우는 도리를 잘하는 여성이라고 보았다.[3]

태교의 원리

《동의보감》에서는 《역경(易經)》을 인용해 임신을 이렇게 말한다.

대체로 건과 곤은 음양의 본성이고, 왼쪽과 오른쪽은 음양의 길이며, 남자와 여자는 음양의 표현이다. 아버지의 정(精)과 어머니의 혈(血)이 감응(感應)되어 합쳐지는데, 정액이 배설되는 것은 양이 주는 것이고, 혈이 그것을 받는 것은 음의 변화다. 정에 의해 아이가 되는 것은 만물이 건원(乾元)에서 시작되는 것이고, 혈이 그것을 싸는 포(胞)가 되는 것은 만물이 곤원(坤元)에 의해 생기는 것이다. 음과 양이 서로 닿아 접촉해 임신이 된다.[4]

임신해서 성별이 나뉘는 것도 같은 원리로 보았다. 즉 "대체로 사람이 처음에 생길 때는 자궁이 비로소 깨끗해지기 시작하므로 1, 2, 3일이 된 때에는 정이 혈을 이기므로 남자가 되고 4, 5, 6일에는 정이 혈을 이기지 못해 여자가 된다"[5]라고 설명했다.

따라서 유학에서 태교란 기본적으로 우주의 순리를 이해하고 그 속에서 음양과 오행에 따라 생겨난 태아를 자연의 법칙에 따라 순응해 보호하는 일이었다. 그리고 보호하고 도와주는 방법은 정해져 있었다.《동의보감》에 따르면 '적당히 쉬면서 가릴 것과 조심할 것을 지키는 것이 임신부가 해야 할 일'이었다.

그렇다면 구체적으로 어떻게 해야 하는가?《향약집성방》에서는 "정미한 정이 변화되어 하나의 기로 뭉쳐지면 드디어 임신이 되고 점차 형체와 바탕이 이루어진다. 태아는 배 속에서 어머니가 듣고 보는 것을 따른다"라고 했다. 곧 태아는 어머니가 듣고 보는 것에 감응하는 것이다.

또 "하늘에는 다섯 가지 기운이 있는데 각기 몰려가는 곳이 있고, 땅에는 다섯 가지 맛이 있는데 각기 들어가는 곳이 있다. 기운이 몰려가는 데도 알맞은 곳이 있고, 맛이 들어가는 데도 일정한 양이 있는 것이다. 대체로 두려워해야 할 것과 가려야 할 것을 잘 지키며, 조심해야 할 것을 알고 힘써 길러야 할 것이다. 이것이 본래의 이치다. 그리고 자고 깨는 것을 때에 맞게 하고, 다니거나 집에 있을 때도 절도 있게 해야 한다"라고도 했다.[6]

1790년(정조 14)《광제비급(廣濟秘笈)》을 펴낸 평안도 선비 이경화는 부인병에 대해 "옛사람이 말하기를 '부인의 병은 치료하기가 남자보다 열 배나 어렵다. 그것은 여자의 욕심이 남자보다 많아서 병도 배나 많기 때문이다. 더욱이 질투하며 근심하며 사랑하며 미위하기를 심각하게 하고 고집하므로 병의 근원이 깊어져서 그런 것'이라고 했다"[7]라고 하여 여성의 병을 음양의 원리에서 찾았다.

《동의보감》은 남녀에 대한 인식이 뚜렷하다. "남성은 양기가 운행시키고, 여성은 음기라서 머물게 한다. 남성은 너무 써서 병이 생기고, 여성은 너무 쌓여서 병이 된다." 그러니 모든 병을 살필 때 "남성은 반드시 성생활을, 여성은 먼저 월경과 임신을 물어야 한다"라고 했다.

태교 논쟁 1: 태교로 기질을 바꿀 수 있을까?

동서고금을 막론하고 사람의 성품에 대한 대표적인 논쟁은 성선설(性善說)과 성악설(性惡說)이다. 동양에서 성선설을 주장한 사람은 맹자이고, 성악설을 주장한 사람은 순자다.

맹자는 기원전 4세기경의 인물로 공자가 세상을 뜬 지 대략 100년 뒤에 태어났다. 맹자는 사람에게는 누구나 남의 불행을 차마 보지 못하는 마음이 있다고 했다. 불쌍히 여기는 마음이 인(仁)의 단서요, 부끄러워하고 미워하는 마음이 의(義)의 단서이며, 사양하는 마음이 예(禮)의 단서요, 옳고 그름을 가리는 마음이 지(智)의 단서로, 사람에게 사단(四端)이 있는 것은 마치 팔다리가 있는 것과 같다고 했다. 그러므로 사단을 크게 확대해서 힘쓰면 각각 인, 의, 예,

지의 사덕(四德)을 완성할 수 있다고 보았다.

그러나 기원전 3세기의 인물 순자의 생각은 달랐다. 그는 인간은 태어나면서부터 이익을 좋아해 싸움을 벌이고, 미워하고 싫어함이 있어 해악을 입히고 다치게 한다. 즉 "인간의 성품은 악한 것이 분명하고, 선한 것은 인위적인 것이다"라고 주장했다. 그러므로 인간은 반드시 '밖으로부터 성인(聖人)을 기다려서 예의를 이루어야 하는'[8] 것으로 보았다.

그렇다면 태교로 사람의 성품 또는 기질을 확 바꿀 수 있을까? 이 흥미로운 질문에 즉답을 한 것은 아니지만, 태교의 효용성과 한계에 대해 의견을 표출한 사람은 있다. 먼저 자녀의 기질이 부모의 기질에 의해 결정된다는 주장이다. 대표적으로 19세기의 사상가인 최한기가 있다. 그는 자신의 책 《기측체의(氣測體義)》에서 이렇게 말했다.

자녀의 기질은 부모로부터 받은 것에 따라 달라진다. 두 아내를 거느리고 사는 사람이 있어 만약 한 여자는 예쁘고 한 여자는 못났다면, 예쁜 여자가 낳은 아이가 못난 여자가 낳은 아이보다 우수하다.[9]

부인의 성품이 온화하고 어질고 자상하며 기질이 건강하고 곧고 순수하면 이는 씨를 뿌릴 만한 좋은 땅으로, 가뭄이 들어도 마르지 않고 장마가 져도 물이 괴지 않는다. 만약 부인의 성품이 교활하고 간사하며 기질이 유순한 듯하면서도 끈질기고 얼굴은 예쁘나 마음이 사나우면 씨를 뿌려도 여물지 않는 밭으로, 가뭄이 들면 마르고 장마가 지면 물이 괸다. 부인의 성품이 혼탁하고 어리석으며 기질이 추하고 더럽고 주관이 없으면 낮은 등급의 땅으로, 좋은 벼를 심어도 변해서 나쁜 풀이 된다.[10]

최한기는 여성의 성품을 높은 등급과 낮은 등급의 땅에 비유했다. 여성의 성품이 좋으면 임신해서 훌륭한 아이를 낳을 수 있지만, 성품이 나쁘면 좋은 벼마저 나쁜 풀이 되고 말 것이라 했다. 또 예쁜 여자가 낳은 아이가 더 우수하다고 했다.

이에 비해 태교는 후천적인 교육으로 기질을 바꿀 수 있다고 강조한다. 유학에서는 완전한 인간이 되려면 본성을 잘 다스려야 하며, 이 때문에 교육을 강조했다. 태교는 인간이 되는 순간부터 받는 교육의 시작으로 여겨져 "옛날 역시 태교의 방법이 있었으니, 비록 배 속에 있을 때라도 듣고 보는 것, 예컨대 매일 매일의 생활 행동이 후일의 습성을 이루는 법이다"[11]라고 했다. 태교로 인간의 본성을 잘 기를 수 있다고 본 것이다.

이사주당 역시 《태교신기(胎敎新記)》에서 "무릇 짐승이 새끼를 배매 반드시 그 수컷을 멀리하고, 새가 알을 안을 때 반드시 그 먹을 것을 줄이고, 나나니벌이 새끼를 만들 때 나를 닮으라고 소리하나니, 이 때문에 짐승의 생김이 다 어미를 닮는다. 혹 세상 사람 중에 사람 같지 아니하여 새, 짐승만도 못한 것이 있으니, 그러므로 성인께서 불쌍히 여기는 마음을 가지시어 태교의 법을 만드신 것이다"라고 했다.

그러므로 "아비의 낳음과 어미의 기름과 스승의 가르침이 모두 한가지라. 의술을 잘하는 자는 아직 이르지 않은 병을 다스리고, 가르치기 잘하는 자는 태어나기 전에 가르친다. 그러므로 스승의 10년 가르침이 어미가 잉태해 열 달 기름만 같지 못하고, 어미 열 달 기름이 아비 하루 낳는 것만 같지 못하니라"라고 하면서 열 달 기름, 곧 태교를 강조했다.

또 19세기의 학자 김평묵도 "부모 된 사람이 태교의 방도를 안다면 낳은 자식이 단정한 외모에 재주와 성품도 남다르게 되니, 가르침을 쉽게 배우는 데는 반드시 이치가 있는 것이다. 그러므로 '자식을 가르치는 데는 태교보다 나은 것이 없다'고 하는 것이다"[2]라고 했다. 이런 까닭으로 태교를 잘 받고 태어난 아이는 재주와 성품이 남다르며, 바탕이 잘 갖춰져서 나중에 여러 가르침도 물이 스며들듯 쉽게 배운다는 것이다.

하지만 율곡 이이는 태교로도 잡지 못하는 기질이 있다고 보았다. 그는 《소학(小學)》에서 말하는 태교가 무엇이냐는 질문에 이렇게 답했다. "받은 기가 평평하면 태교로 바로잡을 수 있다. 그러나 기가 매우 혼탁하면 태교의 힘으로 할 수 있는 것이 없다."[3] 이 말은 태교로 바로잡을 수 있는 인간의 기질에도 한계가 있다는 뜻이다.

태교 논쟁 2: 부모의 덕은 높은데, 덕이 부족한 자녀를 낳는 이유는

동양에서는 하늘에서 기운을 받고 땅에서 형태적 특질을 받으며, 아버지의 정기와 어머니의 피가 합쳐지고 엉기어 몸을 이루는 것이 사람의 탄생이라고 보았다. 그러므로 부모의 좋은 심신과 천지의 바른 기운이 합쳐졌을 때 자식을 낳으면 모두 성현의 자질을 갖는다고 여겼다.

그런데 여기서 의문이 생긴다. 왜 사람은 각기 품성이 일정하지 않고 어떤 사람은 품성이 좋고 또 어떤 사람은 나쁜 것일까? 성선설도 맞고 성악설도 맞는 것일까? 아니면 이이의 말처럼 태교로 바로잡을 수 있는 인간의 기질에 한계가 있기 때문일까? 그렇다면 태교는 소용이 없는 것일까?

1574년(선조 7) 선조는 신하들과 함께 공부하는 경연(經筵)에서 왜 사람마다 기품이 다른 것이냐고 질문했다. 당시 홍문관 부제학

이자 경연관이던 미암(眉巖) 류희춘은 이 질문에 만족스러운 답변을 하지 못했다. 그래서 그는 주자의 말과 의서 등을 조사, 연구해 선조에게 다시 답변을 올렸다.[14]

류희춘은 사람의 품성이 다른 이유로 사람의 기질과 사람들이 처한 자연환경이 저마다 다르기 때문이라는 견해를 표명했다. 사람은 아버지, 할아버지 또는 어머니의 기운을 받아 태어나는데, 그 기질이 다 다르므로 자녀의 기질도 다르며, 산수와 풍토도 높고 낮음, 강약, 평평하거나 험함, 깨끗하거나 더러움이 다르므로 사람의 인성에 영향을 미치게 된다고 했다. 또 소리, 빛깔, 모습, 형상이 있는 물, 불, 쇠, 나무, 흙, 돌, 풀, 곡식, 의복, 금수 등도 사람에게 영향을 미쳐 품성의 차이를 가져온다고 판단했다. 당대에 명성을 떨친 성리학자답게 인간과 자연에 대한 통찰력이 돋보이는 대목이다.

그는 선한 부모 밑에서 반드시 선한 아이가 태어나지 않는다는 점도 인정했다. 부모가 아무리 착해도 기쁨과 노여움, 걱정과 근심 때문에 마음이 바르지 못할 때가 있고, 부모가 아무리 악해도 간혹 착한 마음이 싹틀 때도 있다는 것이다. 바로 이 대목에서 태교를 언급한다.

대체로 임신한 첫머리에 근본이 생기는 것이고, 임신한 지 3개월이 될 무렵 변화가 생기는 것입니다. 임신부가 느끼고 닿는 것과 먹고 마시는 것이 모두 변화를 일으킬 수 있는 요소인데, 이런 요소가 발생한 내력이 이미 하나가 아니어서 선악 역시 이를 따라 천만 가지로 같지 않은 것입니다. 그래서 옛사람은 사는 곳을 가리고 선행을 쌓고 태교를 해서 현명한 자손을 낳은 것입니다. _《선조실록》 1574년 10월 25일

류희춘은 부모나 조상의 기질, 자연환경, 하늘의 기운 등 근본적인 기운을 어떻게 받느냐에 따라 태어나는 자녀의 기질이 천만 가지로 달라질 수 있다고 보았다. 또 인간은 희로애락을 가지기 때문에 착한 부모 밑에서도 천성이 좋지 못한 사람이 태어날 수 있고, 눈에 보이지 않는 어떤 기운이 단서가 되어 착하지 못한 부모 밑에서 훌륭한 자식이 태어나기도 한다고 했다. 이런 우연과 불확실성 때문에 옛사람은 거주하는 곳을 잘 가리고 선행을 쌓는 태교를 하여 현명한 자손을 낳기에 힘썼다는 것이다.

이미 학자들 사이에서는 선조가 경연에서 한 질문과 비슷한 질문이 제기되곤 했다. 곧 중국 고대에 어떻게 고(瞽)가 순을 낳고, 곤(鯀)이 우를 낳았느냐는 것이다. 이 질문은 못난 부모에게서 어떻게 순이나 우와 같은 위대한 임금이 나올 수 있느냐는 것이다.

순과 우는 모두 중국 고대의 위대한 임금으로 평가받는 인물이다. 고는 순의 아버지인데, 어리석어 선악을 판단하지 못하고 아들 순을 죽이려고까지 했다. 그래서 순 같은 아들을 알아보지 못했다

하여 '고수', 곧 장님이라는 별명까지 붙었다. 곤은 하나라를 창건한 군주 우의 아버지로, 홍수를 제대로 다스리지 못하자 순이 우산(羽山)으로 쫓아버렸다.

이 질문에 19세기의 학자 김평묵은 "하늘과 땅의 기운이 매우 좋아서 부족한 부모의 기운을 가린 것이다"라고 답했다. 반대로 덕 있는 부모에게서 왜 못난 자식이 나오느냐는 질문에는 "이는 천지의 기운이 좋지 않아서 부모의 기운이 부득이하게 그에 따르게 된 것이다"라고 답했다.[5]

질문은 여기서 끝나지 않았다. 사람이 천지의 기운에 계속 영향을 받는다면 부모가 스스로 수양에 힘쓸 필요가 있느냐는 질문이 이어졌다. 그러자 김평묵은 "하늘과 땅은 사람이 어찌할 수 있는 것이 못 되지만, 사람의 일은 자기 자신에게 달렸으니 마땅히 힘써야 한다. 그러므로 군자는 몸을 닦고 명을 기다릴 뿐이다. 만약 하늘과 땅의 좋은 기운이 모여 합쳐졌는데 부모가 스스로 수양하지 못한 상태라면 어떻게 되겠는가?" 하고 대답했다.

요컨대 사람이 천지의 기운을 바꿀 수는 없지만 평소 덕을 닦으며 좋은 기운을 만나기 위한 노력을 다해야 한다는 것이다. 그래야 천지의 기운이 좋은 때 부합할 수 있게 된다. 곧 태교를 잘 실천하면서 하늘과 땅의 좋은 기운을 기다린다면 좋은 성품의 아이를 얻을 수 있다는 의미다.

조선시대에 사람들은 부모의 기질과 자연환경의 영향으로 자식이 부모를 닮지 않을 수도 있음을 인정했다. 그래서 오히려 그 품성을 사람의 노력으로 변화시킬 수 있다고 여겼다. 그것이 태교였다. 태교란 인간의 희로애락과 변화무쌍한 자연의 원리를 잘 파악해 세상살이와 하늘의 기운을 조화롭게 하기 위한 인간의 노력이다. 천지의 기운과 자연환경을 탓하지 않고 인간의 노력으로서 태교를 다하면 좋은 천지 기운을 놓치지 않고 현명한 자손을 낳을 수 있다고 여긴 것이다.

불교에서 바라본
태교

임신, 업과 인연의 결과물

불교에서 인간의 생애는 한 번으로 끝나지 않는다. 끊임없이 구르
는 수레바퀴처럼 다양한 모습으로 태어나면서 돌고 돈다. 이렇게
반복되는 과정이 윤회(輪廻)다. 윤회의 고리를 끊을 수 있는 것은
오직 불성의 자각을 통한 해탈뿐이다.

　불교에서 우주는 여섯 세계로 이뤄진다. 이를 육도(六道)라고 한
다. 가장 밑바닥에 지옥계가 있고, 그 위에 축생계(畜生界), 아귀계
(餓鬼界), 아수라계(阿修羅界)가 차례로 있으며, 다섯 번째 단계에 인
간계가 있다. 인간계의 위쪽에 가장 높은 천계(天界)가 있다. 인간
은 윤회할 때 업(業, karma)에 따라 이 육도에서 다양한 모습으로 환
생하는 것이다.

인간이 윤회 과정에서 단계를 옮겨가는 원동력은 업이다. 업은 부처가 주는 것이 아니라 자신이 선택한 행동에 달렸다. 좋은 행위를 하면 높은 세계로 올라갈 수 있고, 악행을 하면 아래쪽의 세계로 추락한다. 전생에 지은 업에 따라 다음 생이 결정되므로 중생은 자신의 운명을 창조하고 결정하는 주체다. 심지어 업에 따라 사회적 지위는 물론 외모, 성격과 인성까지 결정된다.[16]

불교에서 탄생과 죽음은 윤회 속에 놓인 중생이 회전문을 지나는 상태로 비유된다. 회전문을 지날 때 업의 결과로서 인간으로 태어나는 것은 대단히 어려운 일이다. 무엇보다도 부모와 자식 사이로 맺어주는 인연(因緣)이 있어야 한다. 이 인연의 끈을 '중유(中有)'라 한다.

《아비달마구사론(阿毘達磨俱舍論)》에서는 "모태에 드는 데는 반드시 세 가지 일이 함께 일어나야 하느니, 어머니의 몸과 시기가 맞아야 하고, 부모가 화합해 사랑을 나눠야 하고, 중유가 나타나야 한다"[17]라고 했다. 곧 임신은 어머니와 아버지 그리고 중유 간의 화합이 완벽하게 이루어질 때 비로소 성립하는 것이다.《아비달마구사론》은 4세기 인도의 승려 세친이 지은 불경으로, 대승불교의 교리에 큰 영향을 끼쳤다. 16세기의 소설《서유기》속 삼장 법사의 모델로 유명한 현장이 작업한 번역서가 현재 남아 있다. 현장은 7세기경 불경을 구하기 위해 인도를 여행했다.[18]

그렇다면 중유란 무엇일까? 중유는 사유(四有) 중 하나다. 사유는 생유(生有), 사유(死有), 본유(本有), 중유를 말하며, 중생의 존재와 윤회를 설명하는 중요한 개념이어서 여러 불교 경전에 나온다. 중유는 우리가 흔히 말하는 '영혼'의 상태로, 죽음의 순간부터 그 업력에 따라 다음 생을 받기까지를 말한다. 그래서 보통의 영(靈)은 중유로 있는 동안 다음 생의 과보(果報)가 결정되는데, 중유계(中有界)에서 식(識)으로 헤매다가 인연을 따라 부모의 조건과 맞아 떨어지면 태중에 들어가 인간이 되는 것이다.[19]

그러므로 태아는 어머니의 배 속에서 사람의 형체를 갖추어가는 단계를 거치지만, 윤회 과정에서 보면 이미 완전한 인간이다. 곧 인간이 죽어서 다음 생을 받기까지의 중유는 자신이 지은 업에 따라 자기와 인연이 있는 부모를 스스로 선택하는 주체라 할 수 있다. 그러므로 부모가 태아를 선택한 것이 아니라, 태아가 부모를 선택한다고 볼 수 있다.[20]

《증일아함경(增壹阿含經)》에서는 임신을 이렇게 설명한다. "부모가 한곳에 모여 있어 부모에게 병이 없으면 식이 들어와 모이고, 그 뒤로 아기가 부모의 모습을 갖추니, 이것이 곧 수태가 이뤄지는 것이다." 그렇지만 "어머니에게 욕심이 있어 부부가 함께 자더라도 외부에서 식이 오지 않으면 수태하지 못한다"라고 했다.

《증일아함경》은 네 가지 아함경 가운데 하나다. '아함'이란 '전해오는 가르침'이라는 뜻으로, 초기 불교 시대에 성립된 경전을 통틀어 일컫는다. 계율이나 교리 등을 배우고 닦아서 열반에 들 수 있는 길을 가르쳐준다.

《대보적경(大寶積經)》에서도 "부모 될 사람이 존귀하고 복덕이 있는데 중유가 낮고 천하거나, 중유는 존귀하고 복덕이 있는데 그 부모 될 사람이 낮고 천하거나, 양쪽의 복덕이 서로 느낄 업이 없으면 아이를 갖지 못한다"라고 했다. 《대보적경》은 8세기 초 당(唐)대의 인도 출신 학승 보리유지 등 17명이 번역한 불경으로, 대승불교의 교리를 중점적으로 기록했다.

《불설포태경(佛說胞胎經)》에도 임신에 대한 내용이 나온다. 《불설포태경》은 4세기 초 중국 서진(西晉) 출신 학승 축법호가 번역한 경전이다. 이 경전에는 임신하는 순간부터 태아의 성장, 출생에 이르는 과정이 실려 있다. 부처가 현자 난타에게 이렇게 말했다.

무엇 때문에 어머니가 태를 받지 못하는가? 그전에 착잡한 일이나 조화롭지 않은 일이 없어서 뜻이 같고, 행이 같으며, 귀함과 천함이 같고, 전생의 인연이면 응당 자식을 낳을 것이니, 오는 중음신(중유신)이 마땅히 부모를 만나 자식이 될 것이다. 그러나 그때 정신이 두 가지 마음을 품어 생각하는 것이 각기 다르면 이와 같은 일이 화합하지 않아 태에 들어갈 수 없는 것이다.

불교에서는 세상 모든 것이 인연에 따라 이뤄졌다가 소멸하며, 전생에 지은 업에 따라 그 모습을 달리해 환생한다고 설명한다. 태아를 바라보는 시각도 마찬가지다. 아이와 부모의 인연을 맺어주는 주체적 작용을 하는 중유가 존재해야 임신이 가능한 것이다. 곧 임신이란 부모가 모인 곳에 식이 들어와 '태를 받는' 것으로, 업과 인연의 결과물이라 할 수 있다.

태아가 어머니를 변화시키다

불교에서는 임신이 되는 순간을 이미 전생의 인연이 발현된 시점이라고 본다. 따라서 태아는 전생의 업에 따라 두렵고 불안한 상태로 모태 안에 놓인다. 불교에서 바라보는 임신에서 눈길을 끄는 것은 태아가 어머니를 변화시킨다는 관점이다.

이와 관련한 《현우경(賢友經)》의 내용이 흥미롭다. 《현우경》은 5세기 중엽 수(隋) 대의 학승 혜각 등이 공동으로 번역한 경전이다. 주로 부처와 제자 그리고 바라문, 부자, 미천한 사람의 전생 이야기를 통해 전생의 과업에 따라 후생에 반드시 그에 상응하는 과보를 받는다는 불교의 인과응보설을 설법하는 내용이 담겨 있다.

늑나발미(勒那跋彌) 왕이 선인에게 지성으로 빌어서 뛰어난 왕자를 얻었다. 왕은 고대하던 아들을 얻자 기쁜 나머지 관상가를 불러 이름을 짓게 했다. 관상가는 왕자를 임신했을 때 이상한 일이 없었느냐고 물었다. 왕이 "이 아이의 어미는 본래 질투하고 미워하는 성질이 있고 남의 허물을 좋아해 함부로 남의 음행을 드러내며 남의 착함을 마음으로 기뻐하지 않았다. 그런데 이 아이를 임신한 뒤로는 본래의 성질이 고쳐져 사람됨이 인자해졌으며, 어리석음을 가엾이 여기고, 지혜로움을 사랑하며, 보시 행하기를 좋아하고, 평등한 마음으로 사람을 보호하게 됐다"라고 답했다. 그러자 관상가가 "그것은 아기의 뜻이 어머니의 정에 붙었기 때문입니다"[21]라고 말했다.

이 일화는 평소 성질이 좋지 못하고 착하지 않은 여성이라도 고귀한 아들이 배 속에 들어오면 변화를 맞이하는 경이로움을 보여준다. 이것은 어머니의 마음이 저절로 바뀐 것이 아니라, 덕 있는 아이가 인연에 따라 찾아오면서 어머니를 변화시킨 결과였다.

《불본행집경(佛本行集經)》에도 비슷한 사례가 나온다. 이 경전은 부처의 생애를 기록한 불전(佛傳) 문학의 대표적인 작품으로 손꼽히며, 중국 대륙으로 건너온 북인도 간다라국 출신인 사나굴다가 한어(漢語)로 번역했다. 이 경전에 임신한 여성의 변화에 대해 나온다.

보살이 태에 있을 때 그 보살의 어머니는 뜻하여 익힘이 법다워 즐겨 보시를 행하지만, 보통 중생이 모태에 있으면 그 어머니는 욕심이 많아서 보시하기를 좋아하지 않고 재물에 인색하다. 보살이 태에 있을 때 그 보살의 어머니는 항상 자비로움을 행해 모든 중생의 곁에서 앓이 있고 목숨이 있는 무리라면 다 불쌍히 생각하지만, 보통 중생이 모태에 있으면 그 어머니는 어질지 않고 위엄과 덕이 적어서 모든 착하지 않음을 행하고 나쁜 말로 욕지거리를 한다.[22]

곧 어머니의 배 속에 보살이 있느냐, 중생이 있느냐에 따라 어머니의 마음과 행동이 달라진다는 것이다.

태 안에서 스스로 지은 업보를 그대로 받다

불교에서 태아가 어머니를 변화시킨다고 해서 어머니의 역할이 없다는 의미는 아니다. 그렇다면 불교에서 바라보는 임신 중 어머니의 역할은 무엇일까?

신라나 고려시대 선사의 어머니는 임신 중 오신채를 비롯해 고기나 술 종류를 입에 대지 않고 청정한 계율을 지키며 불경을 읽고 외웠다. 이와 관련해《장수멸죄경(長壽滅罪經)》에 나오는 내용이 눈길을 끈다.

《장수멸죄경》은 676년 중국 대륙에 온 인도 계빈국의 승려 불타파리가 한어로 번역한 《불설장수멸죄호제동자다라니경(佛說長 壽滅罪護諸童子陀羅尼經)》을 말한다. 이 경전은 1278년(충렬왕 4) 고려 에 소개됐으며, 중생을 위해 죄를 없애고 무병장수를 발원하는 내 용이다. 이 경전에 다음과 같은 글이 나온다.

여인아, 네 어린 것이 태안에 있을 때에는 사람의 형상을 갖추어 생장 과 숙장이 있어 비유하건대 마치 지옥에 있는 두 돌이 몸을 누르고 있 는 것과 같다. 어미가 더운 음식을 먹으면 더운 지옥과 같고 차가운 음식을 먹으면 차가운 지옥과 같아 종일 괴로워하며 어둠 속에 있는 것이다.

어머니가 덥고 찬 음식을 먹으면 태아도 덥고 추운 지옥과 같 다는 것이다. 이와 유사한 내용은 《불설포태경》에도 있다.[23] 부처 는 태아가 어머니의 배 속에 있을 때의 고통을 다음과 같이 설법 했다.

만일 어머니가 많이 먹으면 그 아이가 불안하고, 너무 조금 먹어도 그 아이가 불안하며, 기름기가 없는 것을 먹어도 그 아이가 불안하며, 너 무 뜨겁거나 너무 차거나 이익을 구하거나 너무 달거나 시거나 굵거 나 가늘거나 하여 이와 같이 그 음식이 고르지 못하면 그 아이가 불안하며, 색욕이 지나쳐도 아이가 불안하고, 바람받이에 있어도 그 아이가 불안하고, 많이 다니거나 너무 달리거나 도가 지나쳐도 아이가 불안하며, 혹 나무에 올라도 아이가 불안해한다. (……) 그 아이가 태 안에 있을 때는 그 고뇌와 갖가지 근심과 어려움이 이와 같다.

어머니의 음식 섭취나 행동에 따라 아이가 불안해한다는 것을 지적한 것이다. 이는 어머니의 상태가 태아에게 영향을 미친다는 점에서 일반적인 태교와 다를 것이 없다. 그런데 특별히 눈길을 끄는 내용이 뒷부분에 나온다. 태아가 점차 형체를 갖추고 자라나는 과정에서 전생의 태아 본인의 업보에 따라 향후 태어날 몸의 건강 상태가 결정된다는 것이다.

그 전생에 심은 모든 악을 그대로 받나니, 혹은 장님이나 귀머거리나 벙어리나 미련한 몸을 받기도 하고, 그 몸에 종창이 나면서 눈이 없고 입으로 말하지 못하며 모든 감각이 막히고 절름발이나 대머리가 되는 등 전생에 지은 것을 그대로 받으며, 부모의 미움을 받고 법의 이치를 모른다. 왜냐하면 아난아, 다 전생에 법 아닌 행을 심었기 때문이다.

불교에서 바라보는 임신과 태교는 유학에서 보는 것과 다르다.

불교에서는 태아가 윤회하는 주체로서 과거의 업에 따라 현세의 부모를 만난다고 설명한다. 곧 태아가 부모를 찾아오는 것이다. 그래서 어머니에 의해 태아가 바뀌는 것이 아니라, 인연과 업보에 따라 어머니의 태중으로 들어온 태아가 어머니를 변화시키고 태아의 덕성 여부에 따라 어머니도 영향을 받는다.

또 어머니의 상태가 태아에게 고스란히 영향을 미치므로 이머니는 태아를 불안하게 해서는 안 된다. 그러면서도 전생의 태아 본인의 복업에 따라 향후 태어날 몸 상태가 결정되므로 스스로 과보를 짓지 말아야 한다고 강조한다. 한마디로 윤회의 법을 잘 헤아려 불법대로 사는 것이 태교 그 자체라고 할 수 있다.

4

태교 관련 문헌과 지식

조선시대는 한국 역사상 태교가 가장 꽃핀 시기다. 그 결과 동아시아에서 최초로《태교신기》라는 태교 전문서까지 등장했다. 더 놀라운 점은 이 전문서가 여성의 손으로 완성됐다는 사실이다.

이미 조선 사회에서는 일찍이 태교에 주목해 조선 초부터 각종 문헌에 태교의 내용이 실렸다. 대표석으로 소혜왕후의《내훈》을 꼽을 수 있으며, 류중림이 편찬한《증보산림경제》, 이빙허각이 완성한《규합총서》도 있다.

한국에 현전하는 의서 가운데 임신 중 금기 사항이 실린 가장 오래된 의서는《향약구급방》이다. 이후 태교가 독립 항목으로 처음 실린 책은《향약집성방》이다. 뒤이어《태산요록》, 《의방유취》에도 태교가 독립 항목으로 실렸다. 그 밖에 임신 중 금기 사항을 담은 의서로는 허준의《언해태산집요》와《동의보감》이 있다. 또 중앙이 아닌 평안도 변방의 지식인이자 의학자인 이경화가 펴낸《광제비급》도 기억해야 할 의서다.

일반서에 담긴
태교 지식

《내훈》의 태교

《내훈(內訓)》은 1475년(성종 6) 소혜왕후가 여성 교육을 위해 지은 책이다. 소혜왕후는 누구인가? 조선 제7대 국왕 세조의 며느리이자 덕종(의경세자)의 아내이며, 성종의 어머니, 폐비 윤씨의 시어머니, 연산군의 할머니다. 이렇듯 복잡한 수식어가 붙는 주인공이 바로 소혜왕후(인수대비)다.

소혜왕후는 본관이 청주이며, 아버지는 한확이다. 한확은 수양대군(세조)이 단종을 내쫓고 왕위에 오를 때 적극 가담한 공로로 좌익공신에 책봉된 인물이다. 또 두 명의 누이가 명 황제 영락제와 선덕제의 후궁이었기에 명을 자주 왕래했고, 조선에서 어려운 외교 문제가 생길 때마다 중간에서 큰 역할을 했다. 세조가 명으로부터 조선 국왕의 지위를 인정받을 때도 그의 역할은 대단히 컸다. 이러한 배경으로 소혜왕후의 집안은 나는 새도 떨어뜨린다는 말이 실감 날 만큼 대단한 정치적 위세를 갖고 있었다.

소혜왕후는 19세에 수양대군의 맏아들과 혼인했다. 혼인 직후 시아버지 수양대군이 왕위에 오르자 세자빈으로 책봉됐다. 하지만 혼인한 지 2년 만에 남편 의경세자가 죽었고, 왕후 자리는 물거품이 됐다. 소혜왕후에게 남겨진 것이라고는 어린 자녀 셋뿐이었다. 월산대군과 자을산군 그리고 명숙공주였다.

21세에 청상과부가 된 소혜왕후는 자녀를 데리고 궁궐을 뒤로한 채 사가로 돌아왔다. 왕실 언저리를 맴돌면서 절치부심하던 소혜왕후에게 기회가 찾아왔다. 세조 사후 왕위는 세조의 둘째 아들 해양대군(예종)이 이어받았다. 그런데 예종이 즉위한 지 14개월 만에 요절하자 소혜왕후의 둘째 아들 자을산군(성종)이 왕이 된 것이다. 그녀는 남편이 죽은 지 12년 만에 국왕의 어머니가 되어 다시 궁궐 땅을 밟았다.

소혜왕후는 인수대비가 됐다. '소혜왕후'는 죽은 뒤에 받은 묘호(廟號)다. 정작 살아생전 왕비의 지위를 누려본 적은 없다. 남편이 왕위에 오르지 못한 채 죽었기 때문에 왕의 며느리이자 어머니, 할머니였을 뿐이다. 왕의 어머니로서 25년, 왕의 할머니로서 10년을 살았으므로 인수왕대비나 인수대행대비로 불린 기간이 훨씬

소혜왕후와 덕종의 무덤 경릉 ⓒ 문화재청

길었다.

시부모인 세조와 정희왕후로부터 '폭빈(暴嬪)'이라는 별칭을 얻을 정도로 소혜왕후는 스스로를 매우 혹독하게 단련했다. 냉철하면서도 뛰어난 직관의 소유자인 소혜왕후는 자신의 운명에 침묵하지 않았다. 어린 아들을 대신해 수렴청정을 하는 시어머니 정희왕후 때문에 운신의 폭이 넓지는 않았지만, 왕실에서 본인이 해야할 일이 무엇인지 정확히 꿰뚫고 있었다.

당시 여성은 교육의 뒤편에 내던져진 존재였다. 이런 분위기에서 소혜왕후는 1475년(성종 6) 여훈서인 《내훈》을 세상에 내놓았다. '부인도 배우지 않으면 안 된다'는 생각에서 펴낸 조선 최초의 여성에 의한 여성을 위한 책이었다.

소혜왕후는 이 책에서 여성이 길쌈만 하지 말고 수신(修身)도 할 줄 알아야 하며, 이를 위해 글을 배워야 한다고 주장했다. 소혜왕후는 "《예기(禮記)》에도 '여덟 살이 되면 비로소 글을 가르치고 열다섯 살이 되면 학문에 뜻을 두게 한다'라고 했는데, 어찌 딸에 대해서는 이를 따르지 않는 것인가? 그래도 되는 것인가?" 하고 날카로운 질문을 던졌다.

태교의 내용

《내훈》은 총 일곱 장으로 구성됐다. ①언행(言行, 말과 행동), ②효친

(孝親, 부모 섬기기), ③혼례, ④부부, ⑤모의(母儀, 어머니의 태도), ⑥돈목(敦睦, 동서 및 일가친척의 화목), ⑦염검(廉儉, 절약)이다.

본문은 한자로 쓰고 여성이 읽기 쉽게 한글로 다시 풀어 썼다. 서문은 소혜왕후가 직접 썼고, 발문은 상의(尙儀, 내명부 정5품) 조씨가 썼다. 서문에서 소혜왕후는 《열녀전》, 《소학》, 《명심보감》 등에서 중요 내용을 뽑아서 이 책을 만들었다고 밝혔다.

잊지 말아야 할 것은 이 책이 소혜왕후가 왕의 어머니로서 쓴 책이라는 점이다. 이 책을 펴낸 1475년은 소혜왕후가 선정전에서 왕대비로 책봉된 해였다. 이전까지는 인수왕비였으나 이제 인수왕대비가 됐다. 그러므로 왕의 어머니로서 지위를 확고히 다진 해에 이 책을 편찬했다는 것은 여러 면에서 의미심장하다.

상의 조씨는 발문에서 대비가 왕실 여성뿐 아니라 민간의 부인까지 교화하기 위해 이 책을 지었다고 했다. 하지만 소혜왕후의 의도는 조금 달랐던 것 같다. 이 책은 소혜왕후가 "더구나 나는 홀어머니인지라 옥(玉) 같은 마음의 착한 며느리를 볼 수 있어야 하는데!" 하고 염원했듯이 본인의 며느리에게 주기 위해 쓴 책으로 여겨진다.

《내훈》에서 태교가 담긴 장은 〈모의〉다. 소혜왕후는 "태임은 성품이 단정하고 한결같았으며 성실하고 의젓해 오직 덕을 행했다. 임신을 하자 눈으로는 궂은 모습을 보지 않았으며, 귀로는 음란한

御製內訓 一

龍惠王后

內訓卷第三

母儀章第五

內則에 曰凡生子야 擇於諸母와 與可者호되
必求其寬裕慈惠溫良恭敬愼而寡言者야
使為子師ㅣ니 子ㅣ 能食食이어든 教以右手며
能言이어든 男唯女俞며 男鞶은 革이오 女鞶
은 絲ㅣ니라 六年이어든 教之數與方名며 七
年이어든 男女ㅣ 不同席며 不共食이니라 八年
에 出入門戶와 及即席飲食에 必後長者며
始教之讓라니 十年이어든 不出며 姆教

소리를 듣지 않았으며, 입으로는 오만한 말을 하지 않았다. 이렇게 하여 문왕을 낳았는데, 총명하고 통달했다. 태임이 하나를 가르치면 백 가지를 알았으므로 군자는 태임이 태교를 잘한 때문이라고 말했다"라고 했다. 소혜왕후가 제시한 태교 방법을 더 들어보자.

옛날에는 부인이 임신을 하면 잠을 자도 옆으로 눕지 않았으며, 앉아도 한쪽 가장자리에 앉지 않았으며, 서도 비딱하게 서지 않았으며, 이상한 맛이 나는 음식을 먹지 않았으며, 바르게 자르지 않은 것은 먹지 않았으며, 자리가 바르지 않으면 앉지 않았으며, 눈으로는 나쁘고 궂은 것을 보지 않았으며, 귀로는 음란한 소리를 듣지 않았으며, 밤이 되면 소경을 시켜《시경》을 외게 하여 듣고, 바른 일을 말하게 했다.

소혜왕후의 말은 여기서 끝나지 않는다. 맹자의 어머니가 자식을 가르친 이야기로 이어진다. 맹자가 어릴 적 이웃집에서 돼지 잡는 걸 보고 왜 돼지를 잡느냐고 물었다. 그러자 맹자의 어머니는 너에게 먹이려 그런다고 거짓 대답을 했다. 그녀는 바로 후회했다. 옛날에는 임신하는 순간부터 태교로 가르쳤다는데, 그것을 알고도 아들을 속였으니 불신을 가르친 꼴이 됐다며 진짜로 돼지고기를 사다가 아들에게 먹였다. 맹자의 어머니는 맹자를 임신했을 때 바르지 않은 자리에 앉지 않았으며, 바르게 자르지 않은 음식은 먹

지 않음으로써 태교를 했다.[1]

이렇게 소혜왕후는 맹자의 어머니를 예로 들어 자녀 교육은 태교에서 시작한다는 것을 강조하고, 어머니의 중요성을 보여주었다.

《증보산림경제》의 태교

《증보산림경제》는 영조 대에 활동한 의관 류중림이 《산림경제》를 증보해 펴낸 책이다.[2] 류중림은 숙종 대의 의관 류상의 서자로 1721년(경종 1) 진사시에 합격했다.[3] 하지만 그는 유학자의 길을 걷지 않고 아버지와 마찬가지로 의관이 되어 왕실 의약을 담당하는 내의원에서 근무했다.

조선 왕조에서 의관은 양반의 아래 신분인 중인에 속했다. 하지만 류중림은 누구나 인정하는 학문적 성취를 일궈냈다. 19세기 지성을 대표하는 이규경은 《증보산림경제》에 대해 "세상에서 그것을 깊이 좋아하는 자들이 그 책을 보충하고 윤색해 무려 수십여 권에 이르렀다"[4]라고 설명했다. 그만큼 이 책의 독자층이 두터웠으며, 후대의 실용 지식서에 큰 영향력을 미쳤다는 평가다.

《증보산림경제》의 모본이 된 《산림경제》는 농촌 생활에 필요한 지식을 종합적으로 담아낸 종합 농가 경제서다. 복거(卜居, 집터 선정과 집 짓기), 섭생(攝生, 건강), 치농(治農, 곡식이나 특용작물 경작법), 치포(治圃, 채소·화초·약초류 재배법), 종수(種樹, 과수와 임목 육성법), 양화(養花, 화초나 정원수 재배법), 양잠(養蠶, 누에치기), 목양(牧養, 가축·물고기 양식법), 치선(治膳, 조리나 식품 저장법), 구급(救急, 응급처치법), 벽온(辟瘟, 전염병 퇴치법), 벽충(辟蟲, 각종 벌레 퇴치법), 치약(治藥, 약 조제법), 선택(選擇, 길흉일과 방향 선택법), 잡방(雜方, 그림·글씨·도자기·악기 등의 손질법)으로 나눠져 있다.

《산림경제》〈섭생〉에 임신 금기에 대한 내용이 나온다. 예컨대 혹독한 추위, 무더위, 짙은 안개, 큰비, 천둥 번개, 일식, 월식, 무지개, 지진이 일어났을 때와 천지가 침침할 때 성교를 하면 병이 나고, 혹 임신을 하더라도 자녀의 모습이 온전치 못하며, 비록 낳더라도 기르지 못한다고 했다. 또 해, 달, 별 아래, 사당, 절 가운데, 우물이나 부엌, 뒷간 옆, 무덤이나 시체 곁에서 성교를 하면 사람의 정신이 손상되고, 아들을 낳아도 어질지 못하다고 했다.

하지만 매월 1일부터 10일 사이에 실수(室宿), 삼수(參宿), 정수(井宿), 귀수(鬼宿), 유수(柳宿), 장수(張宿), 방수(房宿), 심수(心宿)가 드는 날 밤 합방하면 아들을 낳으며, 그 아들은 현명하고 장수하고 부귀하며 자신에게 이롭다고 했다.

이처럼 《산림경제》에는 임신과 관련한 내용이 소략한 데 비해, 《증보산림경제》는 〈구사(求嗣)〉를 배치해 임신과 출산에 대해 상세히 설명했다. '구사'란 대(代) 이을 자식을 구한다는 의미다. 《증보산림경제》는 총 16권으로 구성됐는데, 그중 권13이 〈구사〉다.

류중림은 〈구사〉를 시작하는 '총론'에서 "대개 자식을 얻고자 하는 자는 우선 좋은 마음으로 숨은 공덕을 많이 쌓는다. 그다음에 마음을 깨끗이 하며 욕심을 적게 내고 자신의 정신을 수양한다. 그런 다음에 비로소 성질과 심성이 순하고 용모가 착하며 월경이 순조로운 부인과 함께 지내기 시작하면 어찌 아이를 갖지 못할 까닭이 있겠는가?"라고 했다.

류중림의 언급 중 사람으로서 숨은 공덕을 쌓고 순수한 본성을 되찾으려고 노력한 다음 하늘의 뜻을 기다린다는 자세로 자식을 바라야 한다는 말이 인상 깊다.

태교의 내용

《증보산림경제》〈구사〉에는 아들을 잘 낳을 여성상을 보는 법, 불임 부부를 위한 처방, 합방에 적당한 날과 시간, 태아를 딸에서 아들로 바꾸는 법, 태아의 성별을 미리 아는 법, 임신 중 금기 사항, 금기 약물과 음식, 산전 산후 조리, 아이 잘 기르는 방법 등이 상세히 설명돼 있다.

예를 들어 "무릇 음욕이 왕성한 부인은 딸을 낳는다. 그리고 용모가 아름다운 사람은 복이 박하고 너무 살찐 사람은 기름이 자궁에 가득하고 너무 마른 사람은 자궁에 피가 없으므로 모두 자식 낳기에 마땅하지 않으며, 나이가 차지 않은 여자는 음기가 완전하지 못하기 때문에 잉태하지 못한다"라고 했다. 그러면서 "남자 상(相)에 자식이 있는데 여자 상에 자식이 없으면 하루빨리 첩을 얻어 대를 잇는 살붙이를 구해야 한다"라고 말하기도 했다.

《증보산림경제》에 나오는 태교의 방식은 일반적인 내용이다. 즉 "옛날에는 부인이 임신하면 옆으로 누워 자지 않으며, 가장자리에 앉지 않으며, 사특한 맛의 음식을 먹지 않으며, 바르게 자른 것이 아니면 먹지 않으며, 자리가 똑바르지 않으면 앉지 않았다. 눈으로는 간사한 빛을 보지 않으며, 귀로는 음란한 소리를 듣지 않으며, 밤에는 《시경》 외는 소리를 들으며, 바른 일을 이야기했다. 이와 같이 한다면 태어나는 자식의 형상과 용모가 반듯하고 재주가 반드시 남보다 뛰어나니, 이것을 일러 태교라 한다"라고 했다. 그러면서 "대개 사람이 자식을 낳으면 그 성질과 마음씨, 언행이 어머니를 닮는 것이 많다"라고 덧붙였다.

임신 중 금기 사항도 일러두었다. 성교와 음주를 금지하고, 집 수리 하는 곳을 피하게 했다. 옷은 너무 덥게 입지 말고, 음식은 너무 배부르게 먹지 말며, 함부로 약을 복용하지 말고, 무거운 것을 들고 높은 곳에 오르지 말며, 손으로 높은 곳의 물건을 내리지 말고, 힘을 지나치게 써서 몸을 상하게 하지 말며, 마음을 놀라게 하지 않게 했다. 또 산달이 가까워지면 해산을 손쉽게 하기 위해 몸을 자주 움직여서 혈기가 막히지 않게 했다.

《규합총서》의 태교

《규합총서(閨閣叢書)》는 1809년(순조 9) 조선 최초로 한글로 작성된 생활백과사전이다. 저자는 이빙허각이라는 여성이다. 한글 백과사전이 여성의 손에서 나왔다는 사실은 그 자체로 기억해야 할 역사적 업적이라 할 수 있다. 《규합총서》의 '규합'은 여성이 머무는 거처를 의미하므로 규합총서는 '여성백과사전'이라는 뜻이다.

이빙허각은 본관이 전주이며 서울에서 태어났다. 아버지는 이창수이고 어머니는 류담의 딸이다. 이빙허각의 집안은 세종의 열일곱 번째 아들인 영해군의 후손이다. 아버지 이창수는 이조 판서를 비롯해 예문관 제학, 홍문관 제학 등을 거친 고위 관료 출신이었다.

이빙허각은 15세에 세 살 아래의 서유본과 혼인했다. 양가는 오랜 친분이 있는데다 정치적 성향도 같은 소론이었다. 남편의 집안은 이용후생 학문에 큰 관심을 가졌으며 박지원, 박제가, 이덕무 등과 교유했다. 주로 금석, 물, 불, 별, 달, 해, 초목, 짐승 같은 객관적 사물을 탐구했으며, 농학 분야에서 눈에 띄는 연구 성과를 내놓았다.

서유본의 할아버지 서명응은 농업 경제서인《고사신서(攷事新書)》(1771)를 펴냈고, 서유본의 아버지 서호수는 농학 연구서인《해동농서(海東農書)》(1799)를 저술했다. 서유본의 동생 서유구도《임원경제지(林園經濟志)》(1827년경)라는 방대한 농학 연구서를 내놓았다. 이빙허각은 혼인 뒤 시가의 학풍에 영향을 받았다.《규합총서》의 참고 문헌에 시아버지의 저서《해동농서》가 들어 있는 점이 이런 사실을 말해준다.

남편 서유본은 과거 급제나 관직과 인연이 별로 없었다. 22세에 생원시에 합격한 후 문과에 응시했으나 계속 낙방했다. 43세에 동몽교관을 지낸 것이 유일한 벼슬 생활이었다. 더구나 1806년 숙부 서형수가 옥사에 연루되어 유배되면서 집안이 일시에 몰락했다. 이때 이빙허각은 47세였으며, 집안 경제를 책임져야 하는 고단한 삶이 시작됐다.

서유구는 형수에 대해 "만년에 집안이 기울어 조상의 전답을 거의 다 팔게 되자 부지런히 일하느라 고생하셨다"라고 회고했다. 따라서 이빙허각의 나이 51세(1809)에 완성된《규합총서》는 당시의 생활 체험과 무관하지 않을 듯하다.

서유본은 평소 집 밖 출입을 별로 하지 않았다. 그래서 자연스럽게 빙허각과 함께 학문을 토론하고 시를 주고받는 친구처럼 지냈다. 서유본의 재야 생활은 본인에게는 불행이었지만, 이빙허각에게는 학문을 넓힐 수 있는 버팀목이 됐다.《규합총서》라는 책명도 남편이 지어준 것이다.

태교의 내용

《규합총서》는 총서라는 서명에 걸맞게 모두 다섯 편으로 이뤄졌다.

① 주사의(酒食議): 술과 음식 만들기 등
② 봉임측(縫紝則): 옷 만들기, 물들이기, 길쌈하기, 수놓기, 누에치기 등
③ 산가락(山家樂): 밭일, 꽃 심기, 가축 기르기 등
④ 청낭결(靑囊訣): 태교, 육아법, 응급처치법 등
⑤ 술수략(術數略): 방향 선택, 길흉, 부적, 귀신 쫓는 법, 재난 방지법 등

이빙허각이 이 책에서 다룬 주제는 모두 일상생활에 요긴한 지식이다. 그런데 당시 의식주에 대한 탐구는 꼭 여성이기에 갖는 관심이 아니었다. 성리학에서 출발해 실용 학문으로 외연을 넓혀간 일군의 학자가 민생과 백성의 마음을 좇아 연구한 대상이었다. 그래서《지봉유설(芝峯類說)》(1614),《산림경제》(1715년경),《임원경제지》,《오주연문장전산고(五洲衍文長箋散稿)》(1856년경) 등에도 조리는

《규합총서》© 국립중앙도서관

물론 가정생활과 밀접한 내용이 담겨 있다. 그러므로《규합총서》는 이빙허각이라는 개인이 구축한 지식이자 19세기 초 조선 사회의 산물이라 할 수 있다.

이빙허각은 이 책 외에도《청규박물지(淸閨博物志)》와《빙허각고략(憑虛閣稿略)》을 더 펴냈다. 이 중《청규박물지》는 2004년 일본 도쿄 대학에서 발굴됐고,《빙허각고략》은 아직까지 행방을 알 길이 없다.

이빙허각의 태교 지식과 관련해서 잊지 말아야 할 점은《태교신기》를 지은 이사주당이 외숙모라는 사실이다. 현재 전하지 않지

만 이빙허각은 《태교신기》에 〈발문〉을 썼다. 이것은 그녀가 《태교
신기》를 읽고 이사주당의 영향을 받았다는 증거가 될 수 있다. 나
아가 여성 사이에서도 학술과 지식의 교류가 있었음을 짐작할 수
있게 해주는 대목이다.

《규합총서》에서 태교는 네 번째 편인 〈청낭결〉의 첫머리에 나
온다. 이빙허각이 임신 관련 의학 지식을 중시했음을 알 수 있다.
〈청낭결〉에 나오는 태교 관련 항목은 다음과 같다.

태교와 임신 중 금기

태교/ 태중장리법/ 음식 금기/ 약물 금기/ 태살 금기/ 달로 노는 태살
있는 데/ 날로 노는 태살 있는 데/ 12지 일유태살/ 방 안에 날로 노는
귀신 있는 곳

먼저 이빙허각이 제시한 태교의 방식은 다음과 같다. 그녀는
《예기》〈내칙(內則)〉을 인용했다고 했으나 〈내칙〉에는 이런 내용이
없으며, 실제로는 《열녀전》〈모의〉 '주실삼모'에 나오는 내용이다.

〈내칙〉에 이르기를, 옛날 아낙네가 아기를 가지면 결코 거꾸로 자지
않으며, 결코 모퉁이에 앉지 않으며, 빗 딛지 않으며, 벤 것이 바르지
않으면 먹지 않으며, 자리가 바르지 않으면 앉지 않으며, 눈에 사기를

띤 빛을 보지 않으며, 귀에 음란한 소리를 듣지 않으며, 입에 그른 말
을 내지 않으며, 밤이면 소경을 시켜 시를 외우게 하여 듣고, 바른 일
을 말했다. 이와 같이 하면 자식을 낳으매 모습이 단정하며 재주가 남
보다 뛰어날 것이다.

'태중장리(胎中將理)'는 임신 중 몸을 보호한다는 의미로, 임신
중 유의할 사항을 다음과 같이 제시했다.

무릇 아기 가진 아낙네는 옷을 너무 덥게 말고, 밥을 너무 배부르게
먹지 말고, 술을 너무 취하도록 마시지 말고, 함부로 약 쓰지 말고, 무
거운 것 들고 높은 데 오르며 험한 데 다니지 말고, 힘에 겹게 일해서
지나치게 몸 상하게 말고, 지나치게 성내서 기운을 쓰거나 애태우지
말고, 많이 자거나 오래 누워 있지 말고, 때때로 거닐어라. 크게 놀라
면 아기가 간질을 한다. 달 찬 뒤 머리 감거나 발 씻지 말고, 높은 뒷간
에 오르지 마라.

이 중에서 빙허각이 강조한 사항은 부지런히 몸을 움직여야 한
다는 것이었다. 난산하는 여성은 부귀해 편히 지내는 사람이며 가
난해서 애써 일하는 사람에게는 난산이 없다고 하니 "순산하려면
몸을 놀려야 하며, 임신부가 편히 있으면 더디다"라고 당부했다.

각종 여성 교육서의 태교

조선 사회에서 태교에 대한 지식은 각종 여훈서에도 실렸다. 조선 정치사에서 큰 비중을 차지하는 우암(尤庵) 송시열이 지었다고 알려진《계녀서(戒女書)》에도 "자식을 가졌을 때도 잡된 음식 먹지 말고, 기울어진 자리에 눕지 말고, 몸을 단정히 하여 자식을 낳으면 자연히 단정하니라"[5]라는 내용이 나온다.

이어서 그는 "자식은 어미를 닮는 사람이 많다. 열 달을 어머니의 배 속에 있었으니 어머니를 닮는 것이고, 열 살 이전에는 어머니의 말을 들으니 또 어머니를 닮는 것이다. 어찌 가르치지 않고도 착한 자식이 되길 바랄까"라고 했다.

경상북도 안동에 거주하던 권구(1672~1749)가 지은 여훈서인《병곡 선생 내정편(屛谷先生內政篇)》에서도 "부디 일찍이 잘 가르쳐야 문호(門戶)를 부지하고 부모에게 욕이 아니 오나, 이런 일은 어미에게 있으니 아비를 책망 말고 (아이를) 뱄을 때 잡된 것 보지 말고, 잡된 것 듣지도 말고, 잡 음식 먹지 말고, 기운 자리 앉지 말고, 몸을 단정히 하여 열 달을 조심하면 자식 낳아 자연 단정하고 재주 뛰어나나니"[6]라고 했다.

18세기 중엽 이후 경상북도 문경의 고씨(高氏) 집안에서 만들어져 대대로 필사되어 내려오는《규범(閨範)》에도 "《소학》에 이르되,

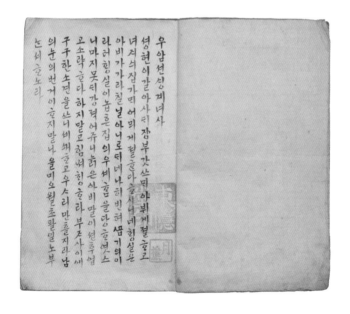

《우암 선생 계녀서》일제강점기 ⓒ 국립민속박물관

《우암 선생 계녀서》1909 필사본 ⓒ 국립한글박물관

태기가 있거든 조심해 잡된 음식을 먹지 말며, 기울게 앉지 말며, 기울게 서지 말며, 귀에 음란 방탕한 소리를 듣지 아니하고, 열 달을 몸과 마음을 온전히 바로 지켜야, 그 자식을 낳으면 얼굴이 절묘하고 심성이 현철하니라"[7]라고 하여 태교의 방식이 실려 있다.

18세기 후반 조선에서는 오랑캐라 여기던 청 왕조의 선진 문물을 받아들이자는 운동이 일었다. '북학파(北學派)'라 부르는 이 운동에 이덕무도 동참했다. 이덕무는 서얼로 태어났으나 박학다식하고 문장이 뛰어났다. 이런 그를 정조가 알아보고 발탁해 규장각에 배치했다.

이덕무는 수많은 책을 남겼는데, 그중 선비, 여성, 아동을 위한 교육서인《사소절(四小節)》(1775)이 있다. 이 책의 〈부의(婦儀, 여성 예절)〉에서 그는 "유순하고 정숙함은 부인의 덕이요, 근면하고 검소함은 부인의 복이다"라고 하여 처신 방법을 상세히 설명했다. 몇 가지만 소개하면, 첩에게 투기하지 말 것, 자주 울거나 큰소리 내지 말 것, 옷차림과 몸을 청결히 할 것, 남자의 외모를 평가하지 말 것, 아들을 가르치지 않으면 우리 집을 망치고 딸을 가르치지 않으면 남의 집을 망치므로 자녀 교육이 중요하다는 점을 강조했다. 또 게으른 여성을 경계했다.

그는 임신한 여성이 해야 할 일에 대해 "임신부가 일상의 몸가짐과 음식을 조심하지 않으면 그 자식으로 하여금 일찍 죽고 또 병

들게 한다"라고 했다. 덧붙여 "임신한 부인이 일부러 태임의 태교하는 가르침을 따르지 않는 것은 현숙한 행실이 아니다"[8] 라고도 했다. 또 출산한 뒤에는 어른의 조언대로 바람과 추위를 무릅쓰고 찬 음식이나 날 음식 등을 먹지 말라고 했다.

《여자초학(女子初學)》(1797)은 경상북도 안동의 선비 김종수가 시집가는 딸에게 지어준 책이다. 이 책 역시 다른 여성용 교육서처럼 여성이 가정에서 해야 할 일을 세세하게 가르쳐주는데, 한 가지 특이한 점이 있다. 책 끄트머리에 전국의 지리, 관직 품계, 과거시험 요강, 집안 족보까지 들어 있는 것이다. 양반가의 여성으로서 알아야 할 지식의 폭이 확대된 것이다.

이 책에도 태교의 내용이 실려 있다. 자식을 기르는 도리는 태중에서 시작되므로 "괴이한 음식과 괴이한 사람과 괴이한 거동과 괴이한 소리를 가까이 하지 말고, 의복을 기울게 입지 말고, 자리가 부정하거든 앉지 말고, 위태한 데 서지 말고, 날것이나 찬 것을 먹지 아니해야 하느니, 자식을 낳으매 생김새가 단정하고 재주가 남보다 뛰어나리라"[9]라고 했다.

이상의 몇 사례에서 보듯이 여성의 행실과 몸가짐을 가르치는 책마다 태교의 내용이 빠지지 않고 들어 있음을 알 수 있다.

의서에 실린
태고

임신 중 금기 사항이 실린 가장 오래된 의서 《향약구급방》

현재까지 전해오는 한국의 의서 중 가장 오래된 것은 《향약구급방
(鄕藥救急方)》이다. 정확한 편찬 연도나 편자는 알 수 없지만, 1232
년(고려 고종 19)에서 1236년 사이에 《팔만대장경》을 제작한 강화도
의 대장도감(大藏都監)에서 간행한 것이라고 본다. 이 책은 현재 국
내에 없으며, 1417년(태종 17) 다시 펴낸 중간본이 일본 궁내청 도
서료(圖書寮)에 보관돼 있다.[10]

그리고 현재까지 전해오는 한국의 의서 중 '임신 금기'가 실린
가장 오래된 의서 역시 《향약구급방》이다. 1417년본 《향약구급
방》은 상, 중, 하 세 권으로 구성된다. 상권은 〈식독(食毒)〉을 포함해
18개 항목, 중권은 〈정창(丁瘡)〉을 비롯해 25개 항목, 하권은 12개

항목으로 세분된다.

그중 하권은 〈부인잡방(婦人雜方)〉으로 시작하는데, 이것으로 볼 때 《향약구급방》은 현전하는 의서 가운데 부인과를 다룬 최초의 의서이기도 하다. 출산 뒤 산모와 태아를 보호하기 위한 처방과 처치가 주를 이루며, 임신 중 먹지 말아야 할 음식이 무엇인지도 알려준다.

- 임신 중에 달걀과 마른 잉어를 함께 먹으면 아이에게 창(瘡)이 많이 생긴다.
- 닭고기와 찹쌀을 함께 먹으면 아이에게 촌충이 많이 생긴다.
- 참새고기와 된장을 함께 먹으면 아이의 얼굴에 검은 점이나 기미가 생긴다.
- 토끼고기나 개고기를 먹으면 아이가 벙어리나 언청이가 된다.
- 오디와 오리 알을 함께 먹으면 아이를 거꾸로 낳는다.
- 참새고기나 술을 먹으면 아이가 자라서 음탕한 짓을 하며 부끄러워하거나 두려워할 줄 모른다.
- 양의 간을 먹으면 아이에게 좋지 못한 일이 생긴다. 또 자라를 먹으면 아이의 목이 짧아진다.
- 오리 알과 개고기를 함께 먹으면 아이가 벙어리가 된다.
- 방향도 알 수 없는 이상한 곳에 들어가서 소변을 보면 반드시 유산

을 한다.[11]

《향약구급방》에 '태교'라는 단어가 직접 언급되지는 않지만, 현전하는 의서 중 임신 금기를 기록한 최초의 책인 것만은 확실하다. 또 이 내용으로 보아 고려시대에 간행된 의서에도 태교나 임신 금기 관련 내용이 있었으리라고 예상되지만, 현재 남아 있는 자료가 없으므로 단언할 수 없다.

참고로 중국 왕조의 의서 관련 문헌 가운데 태교를 논의한 최초의 것은 《태산서(胎産書)》다. 이 문헌 자료는 1973년 마왕두이(馬王堆)의 한묘(漢墓)에서 출토됐다.[12] 한묘가 학계의 이목을 끈 이유는 발굴된 많은 부장품 가운데 비단에 글을 쓴 백서(帛書)와 나뭇조각에 글을 쓴 목간(木簡)이 나왔기 때문이다. 이들 자료는 전국시대 말기에서 한 대 초기의 것으로 철학, 역사, 천문, 역법, 의학 등을 망라하며 총 12만 자에 이르는 방대한 양이다.[13]

그중 《태산서》에 임신부의 주의 사항이 담겨 있다. 임신부는 보고 듣고 말하고 행동과 출입, 접촉을 할 때 신중해야 하고, 장애인을 멀리하며, 덕망이 있는 사람만 쳐다보아 태아를 단정하고 건강하게 키워야 한다고 했다. 비록 태교라는 말을 직접 쓰지는 않았지만, 임신부의 행동과 마음 자세를 제시했다.[14]

이처럼 이미 오래전부터 사람들은 의서를 편찬해 임신한 여성과 태아의 안전과 건강을 도왔다. 단순한 태교뿐 아니라, 나아가 임신 중 금기 약물이나 먹어야 하는 혹은 먹지 말아야 하는 음식 그리고 임신 중 병이 났을 때의 처방, 난산 때의 조치, 산전과 산후의 질병 치료법 등도 기록했다.《향약구급방》은 현전하는 한국의 의서 중 그 처음을 장식한 의서라 할 수 있다.

《향약집성방》의 태교

세종 대의 위대한 업적 중 하나로 꼽히는《향약집성방》은 한국의 의서 중 '태교'가 독립 항목으로 처음 실린 책이다. 이 의서는《향약제생집성방》(1399)을 대본으로 하여 중국의 한, 당, 송, 원의 의서 160여 종과 고려와 조선의 의서 10여 종을 수집해 반영, 증보한 종합 의서다. 1431년(세종 13) 가을 집현전 직제학 유효통, 전의감 정노중례, 전의감 부정 박윤덕 등이 왕명으로 편찬하기 시작해 1433년 6월 완성했다.

《향약집성방》의 '향(鄕)'은 서울과 대비해 지방 또는 시골이라는 의미다. 또 중국 왕조를 의미하는 당(唐)에 대비해 자국의 의미도 있어서 고려시대에는 고려 왕조를, 조선시대에는 조선 왕조를 뜻했다. 세종은 중국 왕조에도 약방문을 적은 책이 많지 않고 조선의 약 이름마저 중국 왕조와 다른 것이 많은 탓에 의관조차 어려움을 겨자 '우리' 실정에 맞는 의서 간행에 힘을 쏟았다.

우리 주상 전하께서 특히 이에 유의해 의관을 골라서 매번 사신을 따라 북경에 가서 약방문을 적은 책을 널리 구하게 하고, 또 황제에게 아뢰어 대의원(大醫院)에 나아가 잘못된 약명을 바로잡으며, 1431년 가을에 집현전 직제학 유효통, 전의감 정 노중례, 전의감 부정 박윤덕 등에게 명해 다시 향약방에 대해 여러 책에서 빠짐없이 찾아내고 종류를 나누고 더 보태어 한 해를 지나서 완성했다. 《향약집성방》권1, 서문

《향약집성방》의 서문 중 일부다. 책이름에 나오는 '집성'이라는 단어에는 중요한 의미가 있다. 첫째, 여말선초에 우리 땅에서 간행된 의서를 집대성했다는 뜻이다. 이 시기에 나온 각종 의서인 《제중입효방(濟衆立效方)》, 《어의촬요방(禦醫撮要方)》, 《향약고방(鄕藥古方)》, 《향약구급방》, 《향약혜민경험방(鄕藥惠民經驗方)》, 《삼화자향약방(三和子鄕藥方)》, 《향약간이방(鄕藥簡易方)》, 《동인경험방(東人經驗方)》, 《본조경험방(本朝經驗方)》, 《비예백요방(備豫百要方)》 등을 수집하고 정리했다.

둘째, 여말선초 민간에서 유통된 각종 경험방과 한두 가지 간단한 약재만으로 질병을 치료해온 전통을 모아 정리했다는 뜻이다. 더 의미 있는 것은 조선 전기의 의서로는 유일하게 조선 땅에서 나

는 약재를 다루어 '향약본초(鄕藥本草)'라는 항목을 부록으로 실었다는 점이다. 이는 당시까지 한국의 자연과학 지식을 총 정리한 것이라고 평가할 수 있다.[15]

그 결과 《향약집성방》에는 수입산 고가 약재 대신 조선 땅에서 구할 수 있는 약재를 활용한 민간요법을 통해 이미 입증된 경험방을 수록할 수 있었다. 또 질병이 338개에서 959개로, 처방이 2803개에서 1만 706개로 늘어났다. 여기에 침구법(鍼灸法) 1476조, 향약본초론, 포제법(炮製法, 약재 가공 처리법) 등이 더해졌다.

태교의 내용

《향약집성방》(84권 30책)은 병문(病門, 질병) 57개, 향약본초로 이뤄졌다. 이후 1633년(인조 11) 여기에 보유(補遺) 1권을 더해서 다시 펴냈다.(85권 30책)[16] 권1부터 75까지가 병문인데, 권54부터 66에 걸쳐 '부인과'라는 큰 제목 아래 병문 10개를 두어 여성 관련 질병과 처방을 실었다.

부인과에 실린 병문 10개의 주제는 다음과 같다. 〈조경문(調經門)〉, 〈붕루문(崩漏門)〉, 〈여음문(女陰門)〉, 〈부인제병문(婦人諸病門)〉, 〈구사문(求嗣門)〉, 〈태교문(胎敎門)〉, 〈임신질병문(姙娠疾病門)〉, 〈좌월문(坐月門)〉, 〈산난문(産難門)〉, 〈산후문(産後門)〉이다.

이 가운데 권57 〈태교문〉에 실린 하위 주제를 소개하면 다음과

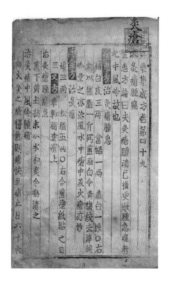

鄕藥集成方卷第四十九

灸瘡腫痛

聖惠方論曰夫灸瘡膿潰已後宜取膿腫念痛者
地中風冷令瘡不差也

治灸瘡腫急
以榴皮三兩富蘗一兩　蓋白一捏　右
以盤之沛治風水中瘡中及火瘡方勢

手方之　治灸瘡
並三兩松脂五兩　○右合圓塗紙貼之曰

又方　治灸瘡查瘡上
三兩車脂查瘡上

治瘡下黃土搗末以水和灸令熱薄之

治灸瘡中風冷疼腫稠
向火灸之瘡得熱則瘡快至晡止曰六十

같다.

임신총론(姙娠總論), 임신에 대한 여러 이론(姙子論), 수형론(受形論), 태교를 논하다(論胎敎), 임신의 근원에 근본을 세우다(孕元立本章), 형체가 생길 때 부여받는 기품이 다르다(凝形殊稟章), 기질 생성(氣質生成章), 여아를 남아로 만드는 법(轉女爲男法), 임신 여부를 아는 방법(驗胎法), 태아 보호를 위해 피해야 할 것과 임신 중 조리법(胎殺避忌産前將護), 음식 금기(食忌), 임신부 금지 약물에 대해 노래로 만들다(孕婦藥忌歌)

〈태교문〉에는 '태교문'이라는 제목 옆에 작은 글자로 이런 내용이 기록돼 있다. "대를 이을 자식을 얻는 법은 이미 밝혔으니 모름지기 태교를 알아야 하므로 이어서 기록한다." 곧 태교 지식의 중요성을 확인하면서 내용을 시작한 것이다.

〈태교문〉에서 주로 인용한 의서는 《부인대전양방》이다. 《부인대전양방》은 1237년 중국 송 대의 진자명(陳自明)이 송 대 이전의 의학을 정리한 부인과 전문 의서다. 이 의서는 조선에서 대단히 주목을 받아 전의감과 혜민서에서 교과서로 사용했고, 의관을 선발하는 시험 과목에도 포함돼 있었다.

이에 비해 고려나 조선의 의서는 인용되지 않았다. 그렇다고 하여 《향약집성방》 간행 이전 한국에 태교 기록이 없었다고는 볼 수 없다. 앞서 《향약구급방》에서 확인했듯이 임신 중 음식 금기 사항은 이미 소개된 상태였다. 따라서 고려에서 조선으로 이어진 태교 지식은 《향약집성방》에 이르러 '태교'라는 항목으로 처음 공식화되어 의학 체계 안으로 들어왔다고 볼 수 있다.

《향약집성방》에서 흥미로운 점은 태교나 해산에 관한 책이 사리에 맞지 않다 하여 덮어놓고 무시해서는 안 되지만, 또 거기에 너무 구애될 필요가 없다고 지적한 점이다. 임신 중 각종 주의 사항을 지키지 않아서 자식을 낳지 못하는 경우도 생기지만, 산모와 아이가 다 건강할 수도 있다는 것이다. 또 몹시 교만하고 건방진 임신부가 행동거지에 주의하지 않아서 이웃에서 집을 짓거나 수리하는 것을 본다든지, 진흙에 빠지거나 타박상을 입으면 태아에게 영향을 미쳐 유산하기도 한다는 것이다.

《향약집성방》에서는 임신한 지 3개월이 되는 달을 중시해 "태아는 배 속에서 어머니가 보고 듣는 것을 따르므로 단정하고 씩씩한 아이를 낳으려면 늘 좋은 것만 보고, 얼굴이 고운 아이를 낳으려면 흰 구슬을 가지고 놀면서 공작새를 보아야 하며, 어질고 재주 있는 아이를 낳으려면 시를 읊고 글을 읽으며 마음을 온화하고 너그럽게 해야 한다"라고 했다.

임신한 뒤 음식물을 조심해야 하는 이유는 불필요한 태동(胎動)을 유발할 뿐만 아니라, 사물의 이치상 싫어하고 꺼리는 것이 있기 때문이라고 보았다. 태아와 임신부를 지키기 위해 음식물 주의를 강조했다. 닭고기와 참쌀, 오리 알과 뽕나무 열매를 동시에 섭취하지 말며, 양의 간, 잉어회, 달걀, 개고기, 토끼고기, 자라고기, 참새고기, 산양고기, 생강, 방게, 새우, 선어(장어처럼 생긴 민물고기), 당나귀고기, 노새고기 등을 금지했다.

《태산요록》의 태교

《향약집성방》이 편찬된 이듬해에 한국 역사상 최초의 부인과 전문 의서인 《태산요록》이 등장했다. 조선의 문화가 풍성하게 꽃피던 세종 대에 탄생한 이 책은 1434년(세종 16) 노중례가 세종의 명을 받들어 편찬했다. 1책이며, 상권과 하권으로 구성된다. 《세종실록》에서는 이 책에 대해 이렇게 기록했다.

> 판전의감사(判典醫監事) 노중례에게 명해 《태산요록》을 편찬하게 했다. 상권에는 태아를 가르치고 기는 법을 상세히 논하고, 하권에는 어린아이를 보살피고 치료하는 방법을 갖추어 실었다. 주자소에서 인쇄해 반포하게 했다.

노중례는 본관이 곡산이며, 세종 대에 내의원에서 활약한 어의다.[17] 《향약집성방》 편찬에도 참여했다. 세종이 "노중례의 뒤를 이을 사람이 없을까 염려되니 나이가 젊고 총명한 자를 뽑아 의술을 전해 익히게 하라"[18] 하고 명을 내릴 만큼 실력을 인정받았다. 그래서 세종 대에 의원으로서 당상관에 오른 사람은 노중례밖에 없다는 말이 있을 만큼 세종의 신임이 두터웠다. 그가 세상을 뜬 뒤에도 "의원을 직업으로 삼아 의술에 정통해 근세의 의원으로서 그에 비할 사람이 드물었다"[19]라는 평가를 받았다.

노중례가 집중적으로 연구한 분야는 조선인의 체질에 맞는 치료법을 만들기 위한 약재 개발이었다. 노중례는 조선의 약재를 연구하기 위해 공식적으로 두 차례나 명을 다녀왔다. 1423년(세종 19) 국산 약초의 성분과 이름을 알기 위해 명에 가서 62종의 약재를 하나하나 대조해보고, 약재 6종의 종자를 가져왔다.[20] 1430년에는 조선 약재의 진가를 연구하기 위해 다시 명에 가서 조선 약초의 효용 여부와 20종의 약초 이름을 알아 돌아왔다.[21]

그 결과 노중례는 동료 의관과 함께 《향약채취월령(鄉藥採取月令)》과 《향약집성방》을 완성했다. 또 조선 의학의 집대성이라 할 수 있는 《의방유취》 편찬에도 참여했다. 그리고 1434년 《태산요록》을 편찬했다. 조선 전기에 중요한 의서를 엮을 때마다 빠짐없이 참여한 의사이자 전문가였다.

그가 《태산요록》을 편찬한 시점은 《향약집성방》이 편찬된 이듬

해였다. 《향약집성방》에는 부인과의 경우 조선 의서를 인용한 빈도가 다른 병문에 비해 낮았다. 〈조경문〉 1회, 〈붕루문〉 2회, 〈여음문〉 5회, 〈임신질병문〉 4회, 〈산난문〉 9회, 〈산후문〉 19회에 불과하며, 〈태교문〉을 비롯해 〈부인제병문〉, 〈구사문〉, 〈좌월문〉에서는 전혀 인용되지 않았다.[22]

한국 의서를 인용한 빈도가 낮다는 것은 인용할 의서가 제대로 없다는 의미이자, 그동안 여성의 질병이 제대로 치료되지 못한 영역이었음을 시사한다. 《향약집성방》이 편찬되면서 부인과에도 관심이 높아졌으나 아직도 갈 길은 멀었다. 이런 현실에서 부인과와 소아과만 전문적으로 다룬 《태산요록》은 대단히 탁월한 연구 성과라 할 수 있다.

노중례가 여성을 치료한 대표적인 사례는 세종의 비 소헌왕후다. 풍병(風病)을 앓던 소헌왕후가 온천욕과 약으로 호전되자 그는 이 공으로 상을 받았다. 또 소헌왕후의 어머니가 병에 걸리자 세종의 명에 따라 돌보기도 했다.[23] 아마도 노중례는 이렇듯 여성을 치료한 임상 경험을 바탕으로 이 책을 만들었을 것이다.

태교의 내용

《태산요록》에는 출산과 신생아, 영아의 질병 치료법이 알기 쉽게 정리돼 있다. 《천금방(千金方)》(당, 652), 《태평성혜방(太平聖惠方)》(송,

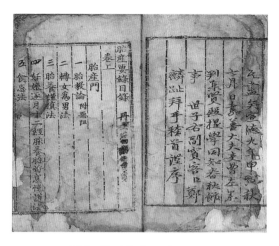

《태산요록》, 보물 제1179호 ⓒ 문화재청

992),《성제총록(聖濟總錄)》(송),《직지방(直指方)》,《부인대전양방》,
《태산구급방(胎産救急方)》,《활유구의(活幼口議)》,《전씨소아방(錢氏小
兒方)》등 중국 왕조의 의서를 참조했는데, 이 가운데《부인대전양
방》을 가장 많이 인용했다.

　상권〈태산문(胎産門)〉은 21항목, 하권〈영아장호문(嬰兒將護門)〉
은 27항목으로 구성된다. 내용은 조금 서로 섞여 있으나, '요록'이
라는 제목처럼 실생활에 적용하기 좋게 요점만 간단히 서술했다.
태교의 내용은 상권〈태산문〉에 실려 있다.

　《태산요록》에서 눈길을 끄는 것은 출산 관련 항목인〈태산문〉

이 '태교론'으로 시작한다는 점이다. 《태평성혜방》,《천금방》,《성제총록》을 참고해 태교를 설명했으며, 끝부분에 부록으로 입덧을 설명했다.[24] 그 밖에 〈전녀위남법〉과 〈양태근신법〉에도 태교의 내용이 들어 있다.

《태산요록》에서는 '태아는 배 속에서 어머니가 듣는 대로 들으므로 이것이 성현이 태교를 전한 이유'라고 했다. 성현이 실천한 태교의 방식에 따라 임신한 뒤부터 출산 전까지 행동거지를 바르게 하고, 마음을 온화하고 즐겁게 하며, 항상 조용한 방에 앉아 좋은 말을 많이 듣고, 사람을 시켜 《시경》 등을 읽게 하며, 예의를 실천하고, 음악을 즐기며, 악기를 연습하고, 귀로는 나쁜 말을 듣지 않으며, 눈으로는 나쁜 일을 보지 않도록 했다.

이렇게 하여 태어난 아이는 장수하고 복을 누리며 충효를 실천하는 사람이 되지만, 이런 과정을 소홀히 하면 자녀가 흉악해지거나 오래 살지 못하는 경우가 많다고 조언했다.

또 이 책에서 눈길을 끄는 것은 임신 개월 수에 따라 태아를 기르고 조심하며 삼가는 법을 수록해놓았다는 점이다. 임신 1개월의 내용을 소개하면 다음과 같다.

임신 1개월은 시배(始胚)라고 하니, 음식은 정갈하고 익힌 것과 달고 맛있는 것을 섭취해야 한다. 보리를 먹는 것이 좋고, 맵거나 비린 음식을 먹으면 안 된다. 족궐음맥(足厥陰脈)이 태아를 기르므로 그 경맥에 침을 놓거나 뜸을 뜨지 않는다.

이렇듯 임신 개월 수를 중시한 것은 임신 3개월 때문이었다. 임신 3개월을 '시태(始胎)'라 하는데, 이때는 아들과 딸이 구분되지 않는 상태이므로 임신부가 느끼는 대로 태아가 반응하는 시기라고 했다. 그러므로 임신부는 명예롭고 귀한 사람을 볼 것이며, 곱사등이나 난쟁이, 괴상한 동물이나 짐승은 보지 말아야 한다. 또 무서운 형체나 이상한 꿈 등으로 마음을 어지럽히지 않아야 한다고 했다.

한편 음식도 매우 중요하게 다뤘다. 만약 태어난 아기의 몸과 정신이 온전하지 못하면 그것은 전적으로 임신부가 음식을 제대로 잘 가려 먹지 않았기 때문이라고 했다. 목(木), 화(火), 토(土), 금(金), 수(水)의 오행과 신맛, 쓴맛, 단맛, 매운맛, 짠맛의 다섯 가지 맛이 간장, 심장, 비장, 폐, 신장의 다섯 장기를 생기게 하므로 잘 맞게 먹어야 몸과 정신이 튼튼한 아이가 태어난다고 보았다.

그래서 태아의 외양이나 장기가 제대로 갖춰지지 않았으면 임신부는 부족한 부분을 보완해줄 음식이 먹고 싶어지는데, 이것은 마치 질그릇을 만들 때 물과 불을 잘못 조절하면 그릇이 찌그러지는 것과 같은 이치라고 비유했다. 따라서 어머니는 좋은 장인처럼 음식을 잘 조절해야 한다는 것이다.

《의방유취》의 태교

1445년(세종 27) 완성한 《의방유취》는 15세기의 동아시아 의학을 집대성했다는 평가를 받는 의서다. 약방문을 주제별로 분류해 집성대한 의서로서 《향약집성방》을 편찬한 지 12년 만의 일이었다. 1443년 세종의 명으로 시작된 《의방유취》 편찬 사업은 3년여에 걸쳐 중국과 한국의 의서를 계열별로 모아 펴내는 작업을 거쳐 완성됐다.[25]

1445년 10월 총 365권의 방대한 양으로 완성된 《의방유취》는 1464년(세조 10)까지 다시 편집, 교정 작업이 이뤄졌다. 그리고 1477년(성종 8) 비로소 30부가 간행됐다. 약 35년에 걸친 대장정이었다. 참여한 사람만 96명이었다.[26] 이 긴 세월을 거치는 동안 《의방유취》는 266권 264책으로 정비됐다.

《의방유취》는 〈총론〉과 91개의 질병편으로 구성된다. 〈총론〉은 권1~3으로, 의학 공부, 의료 기술, 의료 행위, 복약 방법, 약품 분류 등 의학 이론을 다룬다. 이어서 권4~266에는 91가지 질병을 배치했는데, 〈오장문(五藏門)〉에서 시작해서 〈소아문(小兒門)〉으로 끝을 맺는다.

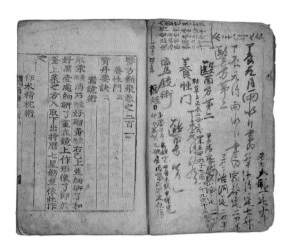

《의방유취》권201, 보물 제1234호 ⓒ 문화재청

이 책의 서술은 병의 종류에 따라 여러 의서에 나오는 해당 처방을 분류해 시대 순으로 수록하는 방식을 택했다. 곧 맨 앞에 해당 질병이 기록된 의서의 이름을 적은 다음, 병에 대해 설명하고 관련 처방을 실었다. 그래서《의방유취》는 질병마다 관련 의서의 서명으로 시작한다.

《의방유취》에서 인용한 의서는 총 153종이다. 중국의 한, 당, 송, 원 대의 중요 의서가 망라됐고, 명 초기 의서까지 수록했다. 한국 의서로는 고려 중기에 최종준이 편찬한《신집어의촬요방(新集御醫撮要方)》과《비예백요방》2종이 실렸다. 이것으로 보아《의방유취》는 한방(漢方) 의서의 집대성을 목표로 했음을 알 수 있다. 이 작업을 통해 조선의 의학이 독자적 의학으로 발전할 기반을 갖추게 된다.

하지만 안타깝게도 초판본《의방유취》는 임진왜란 때 가토 기요마사(加藤清正)가 약탈해 가서 현재 일본 궁내청 서릉부(書陵部)에 유일하게 남아 있다.[27] 가토 기요마사가 약탈한《의방유취》는 12책이 없는 총 252책이다. 국내에는 현재 한독의약박물관에 1책(권 201)만 있다. 참고로 일본에 소장된 간본은 현재 국립중앙도서관에서 마이크로필름으로 열람할 수 있다.

태교의 내용

《의방유취》에서 〈부인문〉은 권206~238에 수록돼 있다. 질병이나 임신 관련 내용을 26개 질병으로 나누어 각 증상에 맞는 처방을 제시했다. 〈부인문〉 중 현재 권220이 현전하지 않으므로 부인 관련 질병은 더 있었을 것이다.

〈부인문〉의 질병을 소개하면 다음과 같다. 조경(調經), 통치(通治), 제풍(諸風), 제허(諸虛), 노채(勞瘵), 상한(傷寒), 해수(咳嗽), 구토, 곽란, 혈병(血病), 적취(積聚), 두통, 심복통(心腹痛), 요각(腰脚), 각기(脚氣), 대소변, 제림(諸淋), 제리(諸痢), 치루(痔漏), 유옹(乳癰), 태교, 임신, 좌월(坐月), 난산(難産), 포의불하(胞衣不下), 산후(産後).

그런데 흥미롭게도《의방유취》에서 소항목이 이토록 많은 경우는 〈소아문〉 52개에 이어서 두 번째다. 나머지 89개 질병은 소항목이 1~3개 정도이며, 많아야 7~9개다.《향약집성방》의 부인과가 10개 질병인 데 비해 26개 이상으로 늘어났으므로 부인과에 대한 관심과 수요가 그만큼 높아졌다고 볼 수 있다.

〈부인문〉에서 '태교'는 권221에 단독 항목으로 실려 있다.《천금방》,《산보(產寶)》(《경효산보》로 추정, 당, 9세기 말),《태평성혜방(太平聖惠方)》(송, 992),《왕악산서(王嶽產書)》,《삼인방(三因方)》(《삼인극일병증방론》, 송, 1174),《직지방》,《부인대전양방》을 인용했다.[28] 〈부인문〉에 실린 '태교' 항목의 내용은 다음과 같다.

- 《천금방》〈양태(養胎)〉

- 《산보》

- 《성혜방》〈임신전녀위남법〉

- 《왕악산서》〈초임보양법(初妊保養法)〉

- 《삼인방》〈양태대론(養胎大論)〉,〈피기법(避忌法)〉,〈전녀위남법〉

- 《직지방》〈논왕숙화류원빈별남녀법(論王叔和劉元賓別男女法)〉

- 《부인대전양방》〈임신총론〉,〈임자론(姙子論)〉,〈수형론(受形篇)〉'제광록대부저징(齊光祿大夫褚澄)',〈논태교(論胎敎)〉'마익경선생(馬益卿先生)',〈잉원입본장(孕元立本章)〉'부인양방작장(婦人良方作章)',〈응형

수품장(凝形殊稟章)〉,〈기질생성장(氣質生成章)〉,〈맥례(脈例)〉,〈진부인
유임가(診婦人有妊歌)〉

• 《천금방》

《의방유취》에는 조선의 각종 문헌이나 의서에서 거론되는 태
교의 내용이 총망라되어 있다. 처음에는 《천금방》에 근거해 임신 3
개월째가 되면 임신부가 보는 것에 따라 태아가 변한다는 내용이
나온다. 이것은 사람의 기질이 아직 갖추어지지 않았기 때문이며,
따라서 임신 3개월이 되면 태교를 시작해야 한다고 보았다.

태교의 방법으로는 어질고 착한 사람, 덕이 높은 사람을 보려
하고, 좋은 글을 외우며, 일상생활을 조용히 지내고, 거문고나 비
파를 타서 마음을 편안하게 하며, 절대로 욕심을 부리지 말라고 했
다. 이렇게 해서 낳은 아이는 착하고, 잘 자라며, 오랫동안 살고, 나
랏일에 충실하며, 부모를 잘 모시고, 어질며 의리가 있고, 총명하
며 지혜롭고, 병도 없는데, 이것이 문왕의 어머니가 태교한 방법이
라고 했다.

또 《향약집성방》과 마찬가지로 "태교나 해산에 대한 책 중 사리
에 맞지 않는다 해도 전혀 믿지 않을 수는 없으나, 또 거기에 너무
구애될 필요는 없다"라고도 했다. 임신 중 조섭하지 않고 조심하지
않았는데도 아무런 병이 없는 아이를 낳기도 하고 산모도 건강한

경우가 있다는 것이다. 하지만 대를 잇는 일은 잘 안 된다고 보았다.

《언해태산집요》와 《동의보감》의
임신 중 금기 사항

《언해태산집요》는 조선의 명의로 알려진 허준이 1608년(선조 41)에 편찬한 부인과 전문 의서다. 한국 역사상 최초의 부인과 전문 의서인 《태산요록》이 편찬된 지 174년 만의 일이었다. 임신과 출산 그리고 신생아 관련 처방과 조치만을 모았다.

이 의서의 한글 제목은 '자식 배어 낳는 종요 되혼 방문'이다. '종요 되혼'은 요점을 모아놓았다는 의미로, 곧 자식을 임신해 낳는 중요한 내용을 모아놓은 약방문이라는 뜻이다. 한자로 쓴 것을 한글로 풀이해 누구나 읽을 수 있는 의서를 지향했음을 알 수 있다.

이 의서에 '태교' 항목은 따로 없으나, 임신부의 금기 사항과 음식물 조심, 몸 관리에 대해서는 자세히 나온다. 먼저 임신부의 금기 사항으로는 남편과 잠자리를 갖지 말 것, 태살(胎殺) 있는 장소를 피할 것, 이웃집에 바삐 놀러 다니지 말 것을 강조했다. 또 칼질이나 흙질, 구타나 타격, 졸라매기 등의 행동은 태아에게 상처를 입히거나 이상한 모습으로 바뀌게 할 우려가 있으므로 금했다.[29]

조심해야 할 음식물로는 말고기, 나귀고기, 개고기, 토끼고기, 양의 간, 새고기, 자라고기, 달걀, 오리 알, 비늘 없는 물고기, 게, 생강 싹, 파, 마늘, 율무, 보리 기름, 비름, 복숭아씨, 마른 생강, 후추를 거론했다.

몸 관리 방법으로는 옷을 너무 덥게 입지 말 것, 밥을 배부르게 먹지 말 것, 술에 많이 취하지 말 것, 탕약을 함부로 마시지 말 것, 침을 함부로 맞지 말 것, 무거운 것을 들거나 높은 곳을 오르거나 험한 곳을 건너지 말 것, 오래 누워 자지 말 것, 때때로 거닐 것, 아이 낳을 달에 머리 감지 말 것을 강조했다.[30] 또 출산이 임박하면 떠들거나 싸우지 말고, 밥이나 죽을 먹지 말며, 다른 사람의 부축을 받아 천천히 걷고, 만약 걷지 못하면 기대어 서 있으면서 아이가 나올 징후를 기다리라고 했다.

또 출산할 달에 미리 장만할 약물로는 궁귀탕, 사물탕, 자소음, 여신산, 최생단, 벽력단, 삼퇴산, 익모환, 반혼단, 여성고, 최생여성산, 화예석산, 향계산, 실소산, 흑용단, 탈명산, 서각지황탕, 양혈지황탕, 해마, 석연자, 유서(鼬鼠), 돼지기름, 향유, 청밀, 죽력, 좋은 식초, 달걀, 청주, 묶은 쑥 잎, 익모초, 생파, 생강, 홍화, 형개, 포황, 피마자, 생지황, 활석, 사향, 주사, 조협을 꼽았다.

《동의보감》(25권, 25책) 역시 허준이 편찬한 의서로 조선 최고의 의학 서적이다. 구성이 매우 독창적인데, 이전의 의서와 달리 증상

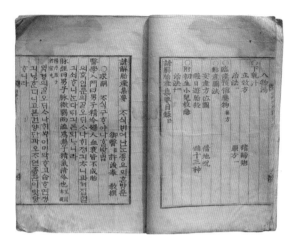

《언해태산집요》〈구사〉 부분, 보물 제1088-2호 ⓒ 문화재청

에 따라 과감하게 〈내경(內景)〉, 〈외형(外形)〉, 〈잡병(雜病)〉, 〈탕액(湯液)〉, 〈침구(鍼灸)〉의 다섯 장으로 나누고, 그 아래에 다시 각 절을 두고 그 절을 다시 하위 절로 나눠서 질병의 원인과 치료 방법을 체계적으로 설명했다.

　《동의보감》이 무엇보다도 눈길을 끄는 것은 조선의 의학이라는 뜻의 '동의(東醫)'라고 책명을 붙였다는 점이다. 중국 왕조의 남의(南醫), 북의(北醫) 전통과 함께 조선에서 일구어낸 '동의'라는 자신 감이 읽힌다. 나아가 이 책은 의서를 뛰어넘어 동양의 우주관과 인간관을 살필 수 있는 책으로도 평가받는다.

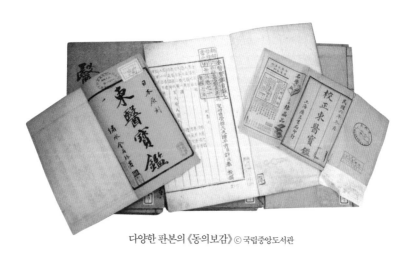

다양한 판본의 《동의보감》ⓒ 국립중앙도서관

《동의보감》〈신형장부도(身形藏府圖)〉
일본판 《동의보감》 채색 〈신형장부도〉ⓒ 국립중앙도서관

선조가 허준에게《동의보감》편찬을 명한 것은 1596년(선조 29)이었다. 선조는 "근래 중국 왕조의 의서를 보니 모두 조잡한 것을 초록하고 모은 것이라 별로 볼 만한 것이 없으니, 여러 의서를 모아 책을 편찬하라"라고 명했다. 그 뒤 1610년(광해 2) 완성되어 1613년 목활자로 출간됐다. 이후《동의보감》은 국내외에서 40여 회나 출간됐는데, 1613년의 초판본은 한국학중앙연구원 장서각과 국립중앙도서관에만 각각 1부씩 남아 있다. 2009년 7월 제9차 유네스코 세계기록유산 국제자문위원회에서 세계기록유산으로 등재됐다.

임신에 대한 내용은 여성의 병을 다룬〈잡병〉에 들어 있다.《동의보감》에 나오는 임신부의 금기는《언해태산집요》의 내용과 유사하다. 하지만 서술 방식은 차이가 있다. 예컨대《언해태산집요》에서는 금기 음식의 이름만 기록했는데,《동의보감》에서는 왜 그 음식을 먹지 말아야 하는지 설명까지 붙였다. 예를 들어 "술로 약을 먹으면 모든 맥을 흩어지게 해서 여러 가지 병이 생기게 되므로 물로만 달여 먹는 것이 좋다"처럼 이해력을 높이는 식이다.

그리고《동의보감》은《언해태산집요》에 나오지 않는 약물 금기 사항도 다루었다. 임신부가 금지해야 할 약물로 원청, 반묘, 수질, 맹충, 오두, 부자, 천웅, 야갈, 수은, 파두, 우슬, 의이인, 오공, 삼릉, 대자석, 원화, 사향, 대극, 사태, 석웅황, 자황, 마아초, 망초, 목단피,

《언해태산집요》와 《동의보감》의 임신 금기 비교

구분	《언해태산집요》(1608)	《동의보감》(1610)
임신 금기	• 성생활 금지 • 태살 있는 장소는 피할 것 • 이웃집에 바삐 놀러 다니지 말 것 • 칼질, 흙질, 구타, 타격, 졸라매기 등의 행동 금지	• 성생활 금지 • 술을 마시거나 약을 술에 타서 먹지 말 것 • 태살 있는 곳 피할 것 • 칼질이나 흙질, 구타나 타격, 졸라매기 등의 행동 금지
음식 금기	말고기, 나귀고기, 개고기, 토끼고기, 양의 간, 새고기, 자라고기, 달걀, 오리알, 비늘 없는 물고기, 게, 생강 싹, 엄파(芽葱), 마늘, 율무, 보리기름, 비름, 복숭아씨, 마른 생강, 후추	나귀고기, 말고기, 개고기, 토끼고기, 비늘 없는 물고기, 방게, 양의 간, 닭고기와 달걀을 찹쌀과 함께 먹는 것, 오리고기나 그 알, 참새고기, 자라고기, 생강 싹, 율무, 맥아, 비름나물, 마늘, 메기, 산양고기, 각종 버섯
몸 관리	• 옷을 덥게 입지 말 것 • 밥을 배부르게 먹지 말 것 • 술에 많이 취하지 말 것 • 탕약을 함부로 마시지 말 것 • 침을 함부로 맞지 말 것 • 무거운 물건을 들거나 높은 곳을 오르거나 험한 곳을 건너지 말 것 • 오래 누워 자지 말 것 • 때때로 거닐 것 • 아기 낳을 달에 머리 감지 말 것	• 옷을 덥게 입지 말 것 • 밥을 배부르게 먹지 말 것 • 술에 많이 취하지 말 것 • 탕약을 함부로 마시지 말 것 • 침을 함부로 맞지 말 것 • 무거운 물건을 들거나 높은 곳을 오르거나 험한 곳을 건너지 말 것 • 오래 누워 자지 말 것 • 때때로 거닐 것 • 몹시 놀라지 말 것 • 아기 낳을 달에 머리 감지 말 것 • 높은 곳에 있는 뒷간에 가지 말 것

계피, 괴화, 견우자, 조각, 반하, 천남성, 통초, 구맥, 건강, 게 발톱, 노사, 건칠, 도인, 지담, 모근, 척촉화, 누고, 우황, 여로, 금박, 은박, 호분, 도마뱀, 날다람쥐, 선각, 용뇌, 위피, 귀전우, 저계, 마도, 옷좀, 마늘, 신국, 동규자, 서각, 대황 등을 제시했다.

《광제비급》의 임신 금기

지금까지 소개한 의서들은 중앙 정부나 내의원 소속 의관이 주도해서 펴낸 책이다. 이와 달리 지방에서 나온 의서에 태교나 임신 금기가 어떻게 반영됐는지도 관심을 가질 필요가 있다. 지방은 중앙에 비해 상대적으로 의료 혜택이 부족하고 관련 시설도 낙후됐기 때문이다. 이런 면에서 1790년(정조 14) 평안도 선비 이경화가 편찬한 《광제비급(廣濟秘笈)》이 주목된다.

이 의서가 탄생하기까지는 1789년 함경도 관찰사로 부임한 이병모의 노력이 숨어 있다. 그는 이 지역 사람이 질병으로 고생하면서도 약 대신 무당을 더 믿어 피해가 심각한 상황을 보았다. 그는 누구나 소매 속에 넣고 다니면서 쉽게 처방할 수 있는 의서의 필요성을 절감했다. 그래서 수소문 끝에 명의로 이름난 이경화에게 요청해서 3개월 만에 이 의서를 펴내게 됐다.[31]

이경화는 평안도 성천 출신이며, 본관은 김포다. 1774년(영조

50) 생원시에 합격했는데, 이때 나이가 54세였다. 이경화는 서북 지방 사람은 문과나 무과에 급제해도 출세할 수 없다는 현실을 깨닫고 문과 응시를 하지 않았다. 그가 이 책 발문에서 의학에 뜻을 둔 지 50여 년이라고 했으니, 이로 미루어 오랫동안 의학을 공부한 것으로 보인다.

이 의서는 총 4책이며, 1796년(정조 20) 서유구 등이 왕명으로 편찬한 책판 목록인《누판고(鏤板考)》에도 소개됐다. 권1은〈제중(諸中)〉,〈제궐(諸厥)〉,〈오절(五絶)〉,〈칠규(七竅)〉,〈오발(五發)〉,〈옹저(癰疽)〉,〈제상(諸傷)〉,〈인후(咽喉)〉, 권2는〈잡병〉, 권3은〈부인문〉,〈잉부잡병(孕婦雜病)〉,〈산후잡병(産後雜病)〉,〈잡병〉,〈소아문(小兒門)〉,〈두진(痘疹)〉,〈반진(瘢疹)〉, 권4는〈향약단방치험(鄕藥單方治驗)〉으로 구성된다.

이 의서에서 임신 금기는 권3의〈부인문〉에 집중되어 있다. 흥미로운 점은〈부인문〉에 '월경을 고르게 하는 것' 이외에 '창녀의 월경이 고르지 못한 것'이라는 조항을 따로 두었다는 것이다. 평안도에 기생이 많은 정황이 짐작된다.

먼저〈부인문〉'구사'(대 이을 자식을 구함)에는 "유씨가 말하기를, 부인이 네 가지 덕이 있으면 귀한 아들을 낳는다고 했다. 첫째, 어떤 말을 듣고도 놀라지 않으며, 둘째, 몹시 곤란한 일이 있어도 원망하지 않으며, 셋째, 음식을 욕심 내지 않으며, 넷째, 윗사람을 존경하는 것이다. 다섯 가지 나쁜 것이 있는데, 음부가 도드라진 것, 목소리가 웅장한 것, 음모가 많이 나고, 사타구니 뼈가 크고, 뱃가죽이 뻣뻣하고 엷은 것이다. 이 다섯 가지 나쁜 것이 있으면 임신을 해도 귀한 아들을 낳기 어렵다"라고 했다.

또 아들을 낳으려면 반드시 월경이 끝난 뒤 날을 받아 합방하게 했다. 다만 상현(上弦) 및 하현, 보름, 그믐, 초하루, 거센 바람, 큰비, 천둥 번개, 천지가 캄캄할 때, 일식과 월식 때는 피하라고 했다. 그러면서 "만명(萬明) 부인이 사통하여 김유신을 낳았으니 알 수 없는 일이다"라는 의견을 냈다. 임신 금기를 지키지 않아도 훌륭한 아들을 낳은 사례도 있다는 것을 알려준 것이다.

임신부가 지켜야 할 금기로는 "무거운 것을 들지 말며, 몹시 놀라지 말며, 다투지 말며, 앉고 눕는 것도 단정하게 하며, 음식은 반드시 가려 먹으며, 성교는 절대 하지 말아야 한다"라고 했다.

맥 보는 법에 대해서도 "대체로 임신한 여성 가운데 얼굴이 붉은 사람은 순산하며, 얼굴이 푸른 사람은 난산한다. 왼쪽 맥이 큰 것은 남자고 빠른 것도 남자라고 한다"라고 소개했다. 여기서도 그는 태아가 여아일 때는 오른쪽 맥이 나타나고, 남아일 때는 왼쪽 맥이 나타난다는 설은 여러 번 경험해봐도 맞지 않는다는 의견을 덧붙였다.

《광제비급》에서 임신부가 지켜야 할 금기 사항은 특별하지 않다. 그저 앞서 본 여러 의서나 생활경제서에 이미 소개된 간단한 내용이다. 다만 이 의서가 가난하고 어려운 농민을 위해 만들어졌다는 점을 고려하면 여기에 나와 있는 내용은 최소한 이것만은 꼭 지키기를 바라는 권고로 보인다.

앞서 여러 의서에서 확인한 대로 조선시대에는 임신과 출산의 중요성을 인식해 산부인과를 독립 분야로 다루었다. 그 결과《향약구급방》의 임신 금기를 거쳐《향약집성방》에 이르러 처음으로 '태교'가 독립 항목으로 실렸다.

또 조선 사회의 근간이 되는 법전인《경국대전(經國大典)》(1485년 간행)에 의과(醫科) 초시를 치를 때 시험 과목으로《부인대전(婦人大全)》과《언해태산집요》를 포함하도록 규정했다.[32] 그리고 의녀가 익혀야 할 의서로는《산서(産書)》를 포함했다. 의녀에게 진맥과 침, 약 조제법 등을 습득하게 하고, 부인과와 출산 관련 의술을 전문적으로 익히게 하려는 의도였다.

동아시아 태교서의
결정판《태교신기》

늦은 나이에 혼인한 이사주당

《태교신기》[33]의 탄생은 동아시아의 태교 역사에 새로운 장을 여는 순간이었다. 《태교신기》라는 책명에는 '태교에 대한 새로운 인식과 글쓰기'라는 의미가 담겨 있다. 한마디로 '온고지신(溫故知新)'으로 완성한 책이라 할 수 있다.

본인의 글이 옛것을 그대로 가져온 것이 아니라, 옛것을 바탕으로 새로 연구한 결과물이라고 당당하게 밝힌 주인공은 이사주당 (李師朱堂)이라는 여성이다. 이사주당의 아들 류희는 어머니를 "본성은 대장부요, 드러난 행실은 부인이었다"라고 표현했다.

이사주당은 1739년(영조 15) 충청도 청주에서 태어났다. 태종의 서자인 경녕군 이비의 11대손이며, 아버지는 이창식이고 어머니는 좌랑 강덕언의 딸이다. 할아버지와 아버지 모두 관직에 나아가지 못했다.[34] 이사주당은 25세에 스물두 살이나 많은 류한규와 혼인했다. 류한규의 네 번째 부인으로, 그는 이사주당과 혼인 전에 이미 1남 1녀를 둔 상태였다.[35] 조선시대의 호적대장을 이용한 한 연구에 따르면, 18세기 여성의 초혼 연령은 평균 17.3세다.[36] 이 기준으로 보면 이사주당이 혼인한 나이는 꽤 늦은 셈이다.

당시 이사주당의 친가 쪽 사람은 거의 한 세기 동안 아무도 관직에 나가지도 못하고, 과거 시험에 합격하지도 못한 상태였다. 18세기 무렵 정치권력이나 사회적 부(富)가 서울에 편중되면서 대다수의 양반 남성이 경제적으로 어려움을 겪었다는 연구도 있다.[37] 이사주당의 집안도 오랫동안 관직 진출이나 과거에 실패하면서 경제적으로 위축된 상황이었으리라고 짐작된다. 이사주당이 류한규와 늦은 나이에 혼인한 것도 어려운 집안 환경이 영향을 미친 것이 아닌가 싶다.

류한규는《규합총서》의 저자인 이빙허각의 외삼촌이다. 즉 이사주당은 이빙허각의 외숙모다. 류한규는 1744년 진사시에 합격했으나 이렇다 할 관직에는 나가지 못했다. 그러다 말년인 1779년 (정조 3) 62세에 목천 현감으로 부임했다. 하지만 당시 조카 이병정이 충청도 관찰사였으므로 친인척이 같은 지역에서 근무할 수 없다는 규정에 따라 3개월 만에 집으로 돌아오게 됐다. 이사주당의 생애를 정리하면 다음과 같다. 아쉽게도 세 딸은 출생 연도를 알 수 없어 반영하지 못했다.

1739: 충청도 청주에서 출생

1757(19세): 아버지 이창식 사망

1763(25세): 류한규와 혼인

1770(32세): 시어머니 사망

1773(35세): 아들 류희 출생

1779(41세): 남편, 목천 현감으로 부임

1783(45세): 남편 사망

1800(62세):《태교신기》편찬

1801(63세): 류희가《태교신기》에 한글로 음과 토를 달고 해설을 붙임

1809(71세): 류희를 따라 단양으로 갔다가 10년 후 한강 이남의 선영 근처로 돌아옴

1821(83세): 사망

＿출처: 〈선비숙인이씨가장(先妣淑人李氏家狀)〉(류희)

이사주당은 1남 3녀를 두었다. 1783년 남편이 세상을 뜬 뒤 가족을 데리고 경기도 용인에서 살았다. 그리고 집안의 가장이 되어 생계를 책임지면서 자녀들을 키웠다. 이사주당의 묘지명에 따르

면 당시 상황은 이러했다. "사람 사는 데 필요한 의식주라곤 아무 것도 없었다. 하지만 여러 자녀가 배고픔과 곤궁함 때문에 학업을 그만두지 않았으며, 마침내 의로운 가르침 속에서 시집가고 장가가서 사람 구실을 할 수 있었다."[38]

열혈 독서광

"옛날 유명한 선비의 어머니치고 글 못하는 사람이 없다." 이 말은 아버지 이창식이 딸에게 책 읽기를 독려하면서 해준 말이다. 아버지의 바람대로 이사주당은 혼인하기 전부터 이미 지역 사회에서 책 읽는 여성 군자로 이름을 날렸다.

조선 후기 학자인 신작은 이사주당의 묘지명에서 "평생 말하고 토론한 것이 주자(朱子)를 본받아 기질이 본연의 성(性)에서 벗어나지 아니하고 인심(人心)이 도심(道心)의 밖에 있지 않다고 주장하니 근거가 정확했다"라고 평가했다. 마치 남성 학자를 평가한 듯한 내용이다.

신작의 평대로 이사주당이 추구한 학문은 주자학(성리학)이었다. 그래서 어떤 연구자는 사주당(師朱堂)이라는 당호도 '주자(朱)를 스승으로 삼는다(師)'는 의미로 해석한다.[39] 하지만 그녀는 주자의 학문에만 머물지 않았다. "도심이 어찌 일찍이 인심에서 분리되어

이사주당 부부 합장묘, 경기도 용인시. 진주 류씨 문중 제공

홀로 존재하며, 어찌 두 개의 욕망이 있겠습니까?"라고 하면서 인심과 도심, 인욕과 성(性)을 이분법적으로 구분하지 않는 양명학(陽明學)의 사유도 보여주었다.[40]

어린 시절부터 사서삼경을 공부하면서 유가의 교양과 사유 방식을 습득한 이사주당은 말년에 스스로 늘 선인(先人)의 뜻을 어그러뜨릴까 봐 걱정했다고 회고한 적이 있다. 실제로 이사주당이 유학에서 제시하는 예의범절을 일상에서 실천하기 위해 고군분투한 모습을 그와 관련한 각종 기록에서 어렵지 않게 찾을 수 있다.

예컨대 아버지의 초상을 예법대로 치르기 위해 고기를 먹지 않았고, 솜옷을 입지 않고 상복을 올바로 갖춰 입었다. 이러한 행동이 류한규에게도 알려져 그가 아내들을 잃은 뒤 다시 혼인하지 않겠다는 결심을 깨고 이사주당과 혼인했다는 일화도 있다.

사실 이사주당의 행실 또는 각종 일화는 후손이나 주변 사람이 그이를 기리기 위해 기록한 것이므로 심사숙고해서 받아들일 필요가 있다. 그럼에도 관련 기록에서 집요하리만큼 반복되는 것이 있다면, 도학(道學)과 예(禮) 그리고 책 읽기다.

이사주당은 가족과 주변 사람의 기억에 따르면 독서광이었다. 그녀에 관한 기록을 살펴보면 독서가 빠지지 않고 등장한다. 예컨대 혼인하기 전부터 각종 경전을 즐겨 읽었고, 심지어 독서에 전심전력하지 못하는 자신을 책망하기도 했다.[41] 이사주당의 작은딸도 "우리 어머니는 어려서부터 베 짜고 길쌈하는 틈틈이 여가로 사서오경과《춘추(春秋)》등 역사서를 널리 공부하셨다"[42]라고 기억했다.

안타깝게도 오늘날 이사주당이 어떤 책을 즐겨 읽었는지 그 목록이 남아 있지는 않다. 그 대신 관련 기록이나《태교신기》를 통해 그녀가 즐겨 접한 책을 불완전하게나마 재구성해볼 수 있다. 신작은 이사주당이 "어려서부터 책을 좋아해 경전의 뜻을 깊이 알았고, 그 밖의 여러 책에도 다 통했다"라고 기록했다. 그러면서 구체적으로《소학》,《가례(家禮)》,《여사서》등을 익히고,《논어》,《맹자》,

《중용》,《대학》,《모시(毛詩)》,《상서(尙書)》 등을 정밀하게 연구했다고 밝혔다. 또 남편 류한규와 경전에 대해 토론하고 시구도 함께 지으면서 서로를 알아주는 친구처럼 지냈다고 하니, 그녀가 학문에 힘쓴 것만은 확실하다.

주변 사람의 평가 외에도 이사주당이 책 읽기를 좋아했다는 증거로 두 가지를 꼽을 수 있다. 첫째, 바로 그녀 자신의 유언이다. 임종 무렵 이사주당은 어머니의 편지, 남편의 《성리문답(性理問答)》, 본인이 베껴 쓴 율곡 이이의 《격몽요결(擊蒙要訣)》을 함께 묻어달라고 부탁했다.

어머니의 편지와 남편의 유고를 함께 묻어달라는 유언은 간절한 그리움의 표시다. 사랑하는 사람을 기억할 수 있는 물건으로 이사주당이 택한 것이 편지와 책이었고, 여기에 더해 본인이 필사한 《격몽요결》까지 함께 묻어달라고 요청했다. 이것만 봐도 이사주당이 학문을 사랑하는 삶을 살았음을 짐작할 수 있다.

자녀 교육에 쏟은 관심

다음으로 이사주당이 독서광이었다는 사실은 《태교신기》에서 인용한 다양한 서적을 봐도 확인할 수 있다. 《태교신기》에는 대략 20여 종의 책이 등장한다. 이사주당이 서명을 직접 밝혔거나 아들 류희가 주해를 달면서 전거를 찾아내 제시한 것이다.

책 이름을 열거하면 다음과 같다. 《논어》, 《중용》, 《대학》, 《상서》, 《시경》, 《대대례》, 《전국책(戰國策)》, 《여범첩록》, 《예기》, 《열녀전》, 《안씨가훈》, 《가씨신서》《신서》), 《수세보원(壽世保元)》, 《의학입문》, 《의학정전(醫學正傳)》, 《득효방(得效方)》, 《단계심법(丹溪心法)》, 《격치여론(格致餘論)》 등이다.

주로 조선에서 많이 읽힌 유학 경전과 여훈서 그리고 의학 서적이다. 《가씨신서》는 중국 역사상 태교를 언급한 현전 문헌 가운데 가장 오래된 책이다. 중국 원 대에 위역림(危亦林)이 쓴 《득효방》, 송 대에 이정(李梃)이 지은 《의학입문》, 원 대에 주진형(朱震亨)이 쓴 《단계심법》, 명 대에 우박(虞搏)이 지은 《의학정전》은 《동의보감》에서 자주 인용된 책이다.[43] 그러므로 이사주당은 《동의보감》도 읽었을 것으로 추정된다.

이사주당이 즐겨 읽은 책에서 발견할 수 있는 특징은 그녀가 유교 경전이나 의례서에 큰 관심을 보였다는 점이다. 그녀의 큰딸이 어머니를 "큰 도(道)에 뜻을 두어 이기성정(理氣性情)의 학문을 넓히시고, 속된 책을 읽지 않으시며, 시(詩)를 좋아하지 않으시니 세속과 다름이 있으셨다"[44]라고 회고했듯이, 이사주당은 유학 경전에 심취했으며 시나 소설은 선호하지 않았다.

이사주당은 교육 관련 책에도 관심이 높았다. 이는 그녀의 저작 활동에서도 찾아볼 수 있다. 그녀가 지은 책으로 《가어(家語)》, 《가편여집》, 《교자집요(敎子輯要)》, 《태교신기》가 있다. 《가어》는 그녀가 혼인 전에 지은 책으로, 열녀가 되기를 바라는 마음에서 《소학》과 《가례》 그리고 《여사서》를 틈틈이 외우고 익혀 지었다고 한다.[45] 《가편여집》의 존재에 대해서는 이사주당의 며느리 안동 권씨가 한글로 지은 〈류희의 전기〉에 나오는데, 역시 이사주당이 딸들을 위해 지은 것이다.[46]

한편 남편이 책 이름을 지어주었다는 《교자집요》는 《태교신기》를 저술하기 20여 년 전에 쓴 것이다. 그러므로 1780년 무렵으로 보인다. 아들 류희는 이 책에 대해 "옛 성인의 행동거지와 의서에서 임신부의 금기를 뽑아 모으고, 경전에서 뽑은 어린아이를 가르칠 만한 금언을 말미에 덧붙여 한글로 풀이했다"라고 밝혔다. 뒤에서 다시 소개하겠지만, 이 책은 《태교신기》를 짓는 바탕이 됐으며, 임신에서 아동 교육에 이르는 내용이 담긴 것으로 보인다.

하지만 그녀가 지은 책 중 오늘날 남아 있는 것은 《태교신기》뿐이다. 큰딸의 회고에 따르면 이사주당은 평소 저술 활동에 대해 옛사람의 찌꺼기에 불과하다면서 마음에 두지 않았다.[47] 그래서였는지 임종 무렵 여성의 글은 세상에 도움이 되지 않는다면서 《태교신기》를 제외한 모든 책을 불태우라고 유언했다.[48] 아마도 여성의 글쓰기에 대해 심적 갈등을 겪은 것으로 보인다. 결국 이사주당은

《태교신기》만 남기고 나머지를 모두 불태우는 데서 그 해결점을
찾은 듯하다.

미래를 위한 선물, 《태교신기》

이사주당이 활동한 18세기 후반부터 19세기 전반은 여성의 글쓰
기가 보편화되는 시기였다. 이것은 주변의 여성만 살펴보더라도
쉽게 알 수 있다. 예를 들어 이사주당의 두 딸이 어머니의 책에 한
글로 발문을 헌정한 것은 이전 시대에는 찾아볼 수 없는 현상이
었다.

《태교신기》는 이사주당이 1800년 한자로 지은 태교 지침서다.
그녀의 나이 62세 때였다. 《태교신기》의 저본은 《교자집요》였다.
이사주당은 《교자집요》를 본인이 지은 지 20여 년이 지나 막내딸
이 보관해온 상자에서 발견했다. 《교자집요》를 다시 접한 이사주
당은 자신의 출산 경험을 통해 태교를 확신했으므로 이 책을 그냥
없앨 수 없었다. 그래서 이 책의 내용 중 '태(胎) 기르는 부분'만 따
로 떼어내어 새로 증보해 《태교신기》를 완성했다.[49] 그리고 이듬
해인 1801년(순조 1) 아들 류희가 어머니의 글을 열 개의 장으로 편
집해 주석을 달고, 한글로 음과 해석을 덧붙였다.

이사주당이 《태교신기》를 지은 이유는 당시 태교에 대한 상세

한 연구가 없었기 때문이다. 그녀는 "《여범(女範)》에서 말하기를, 옛날 현명한 여인이 아이를 잉태하면 반드시 태교를 하여 몸가짐을 삼갔다 하니, 이제 모든 글을 상고해보아도 그 상세한 법을 전한 곳이 없어" 스스로 궁리 끝에 이 책을 지었다고 했다.[50]

아들 류희 역시 "태교만은 옛날에 그 일이 있었으나 금일에는 그 글이 없음이 이미 몇천 년이 되니 부인들이 어찌 스스로 깨달아 행하리오?"[51]라고 하면서 세상의 무지를 깨우치기 위해서 어머니가 이 책을 썼다고 밝혔다.

그리고 이 책이 집안 대대로 전해져서 여성의 거울이 됐으면 좋겠다고 이사주당이 바랐듯이 이 책은 여성에게 태교를 권하기 위한 교육서였다. 그녀의 주요 관심사가 교육이었음을 상기한다면, 임종 직전 자신의 모든 책을 불태우면서도 《태교신기》만은 남겨둔 것은 그녀의 성향에 기인한다고 봐도 될 것이다. 여기에는 《태교신기》가 그녀 자신의 표현대로 '세상에 도움이 될 만한 글'이라는 판단도 작용했을 것이다.

《태교신기》의 탄생은 이사주당이 각종 예서(禮書)를 포함한 경전이나 의서를 꾸준히 읽고 습득한 연구의 결과였다. "어머니는 경사에 박통하시고 여러 책을 두루 읽으셨을 뿐만 아니라, 의서와 속설에 이르기까지 지식이 되는 것이라면 버리는 일이 없으셨다"라는 큰딸의 말처럼 이사주당은 경전과 사서(史書), 의서와 속설에 이르기까지 온갖 경로를 통해 태교에 관한 지식과 정보를 수집했다. 동아시아에서 통용되는 태교 관련 내용을 가능한 한 섭렵해서 집대성한 것이다.

무엇보다도《태교신기》에서 인용한 중국 왕조의 의서들은 조선 사회에서 많은 독자를 확보한 책이었다. 이사주당이 이용한 의서 가운데《득효방》은 이미 조선 전기에 의학(醫學) 취재(取才)에 사용된 과목으로, 중요 의서였다.[52]《의학입문》,《단계심법》,《의학정전》은《동의보감》에서 자주 인용된 의서다.[53] 그리고《수세보원》은 17세기 중반 이후 조선에서 통용됐다.[54]

그렇다고 이사주당이 책에서만 지식을 습득한 것은 아니었다. 자신의 출산 경험도 지식화해 충분히 활용했다. 이사주당은 1남 3녀를 두었는데, 이 과정에서 태교에 대한 확신을 가지고 직접 시험까지 했다. "일찍이 네 자녀를 낳아 길러 체험했는데, 과연 너희의 형체와 기질이 크게 어그러지지 아니했으니, 이 책을 집안에 전함이 어찌 태교에 도움이 있지 않겠는가?"[55]라고 했다. 곧 태교를 맹목적으로 믿은 것이 아니라, 스스로 시험해보면서 태교에 대한 확신을 굳힌 것이다.

이에 큰딸은 "어머니께서 우리 사남매로 시험 삼아 기르심에 이목구비가 건강하지 않음이 없으니, 이것이 그 효험으로 증명된 것이다"라고 했다. 작은딸도 "내 동생 경(儆, 류희)이 젖먹이 때부터 뛰어난 재주와 성품이 있고, 불초 삼형제 역시 시가(媤家)에 죄 짓는 것을 면했으니, 어찌 우리 어머니께서 태(胎)에 삼가신 은덕이 아니리오?"라고 했다. 두 딸이 이야기하는 '경험'과 '효험'으로 볼 때《태교신기》는 이사주당이 지식으로만 쓴 것이 아니라, 경험을 통해 재창출해낸 살아 있는 지식의 소산물이라고 풀이할 수 있다.

1930년대에 위당 정인보는 이 책의 서문에서 태교의 설이《예기》에서 처음 나왔다고 했다.[56] 그런데《예기》에는 태교에 관한 내용이 없다. 그래서 이사주당은 "이는 〈내칙〉[57]에 빠진 것을 갖추었으므로 이름하여《태교신기》라 했다"[58]라고 적었다. 아들 류희도 "이름하여《태교신기》라 했으니 〈소의(少儀)〉[59]와 〈내칙〉에 빠진 것을 보충했다"[60]라고 했다. 그래서《태교신기》는 제목에서부터 이전까지 볼 수 없었던 새로운 내용을 담은 책이라는 의미를 표방했다.

《태교신기》는 완성되자 곧 주변에 알려지기 시작했다. 현전하지는 않지만 이빙허각이 지은 글 가운데 〈태교신기발(胎敎新記跋)〉이 있는 것으로 보아 그녀는 외숙모가 지은《태교신기》를 보았음이 틀림없다. 또《규합총서》에도 태교에 관한 내용이 상세히 실려 있어《태교신기》의 영향을 받았을 것으로 짐작된다.

19세기의 학자 이규경은 "최근에 광주 사람 류희의 어머니 유인(孺人)께서《태교편(胎敎篇)》을 지었는데, 아직 보지 못했다"[61]라고 했다. 《태교신기》가 박물학자이자 백과전서라는 새로운 학풍에 심취한 이규경에게까지 알려졌으니, 이 책이 널리 유포됐던 정황을 짐작할 수 있다. 참고로 '유인'은 조선시대에 9품 관료의 부인에게 내린 봉작호다. 당시 이사주당의 봉작호가 유인이므로 성씨나 당호 대신 유인이라 호칭한 것이다.

근대적인 여성 교육운동이 일어나던 1908년에도 《기호흥학회월보(畿湖興學會月報)》에 《태교신기》가 7회에 걸쳐 연재됐다.[62] 이후 《태교신기》가 석판(石版)으로 간행되어 세상에 나온 해는 1937년 1월이었다.

어머니가 쓰고 아들이 편집하다

《태교신기》는 1800년 이사주당이 한자로 지은 것을 1801년 아들 류희가 총 10장으로 편집해서 주석을 달고 한글로 음과 해석을 덧붙여 펴낸 책이다. 아들 류희가 편집하고 한글로 해석한 그것이 바로 오늘날 우리에게 알려진 《태교신기》다.

현재 《태교신기》에는 두 가지 판본이 있다. 필사본과 석판본이다. 필사본은 1책 69장으로, 류희가 이사주당이 쓴 글을 열 개의 장절로 나누고 주석을 단 뒤 한글로 음과 해석을 붙인 것이다. 구성은 〈서문〉(신작, 1821), 본문, 〈발문〉(류희, 1821), 한글 해석본, 〈발

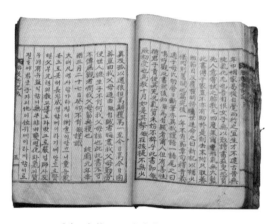

《태교신기》1938년 간행본 ⓒ 실학박물관

문〉(류근영), 〈태교신기음의서략(胎教新記音義序略)〉(정인보, 1936)으로
돼 있다. 현재 성균관대학교에 소장돼 있다.

석판본은 1938년 1월 20일 류희의 증손 류근영이 필사본을 바
탕으로 하여 경상북도 예천군 예천읍 백전동에서 간행한 것이다.
류근영은 일제강점기 지식인으로서 독립운동에 가담해 옥고를 겪
었고, 교육 사업에도 매진한 인물이다. 그는 선대의 문적을 정리해
출판하기 위해 편집과 정서 작업을 꾸준히 했다. 그 첫 번째 사업
으로 교육의 쇠퇴를 염려해《태교신기》를 간행했는데, 이것이 석
판본《태교신기》다. 이 책은 현재 한국학중앙연구원 장서각에 기
탁돼 있다.[63]

석판본《태교신기》의 구성

석판본	내용
〈태교신기장구대전〉	• '태교신기서', 신작, 1821년(순조 21, 신사) • '태교신기음의서략', 정인보, 1936년(병자) • '태교신기목록' • 본문
〈부록〉	• '사주당이씨부인묘지명 병서', 신작 • '발(跋)' – 아들 류경(류희), 1801년(순조 원년, 신유) – 큰딸, 1810년(경오) – 작은딸, 1810년(경오) – 권상규, 1936년(병자) – 이충호, 1937년(정축) – 권두식, 1937년(정축) – 현손 류근영, 1936년(병자)
〈태교신기장구언해〉	한글 해석본(류희)
	권정섭, 1937년

　　석판본은 크게 세 부분으로 이뤄졌다. 〈태교신기장구대전(胎教新記章句大全)〉, 〈부록〉, 〈태교신기장구언해(胎教新記章句諺解)〉다. 〈태교신기장구대전〉에는 '태교신기서'(신작, 1821)와 '태교신기음의서략'(정인보, 1936)이 실려 있고 그 뒤에 한자로 쓴 본문이 나온다. 본문은 이사주당의 원작을 류희가 10장으로 나누고 상세한 주해를 덧붙인 것이다.

〈부록〉은 '사주당이씨부인묘지명 병서(幷序)'(신작)와 '발문'으로 되어 있다. 발문은 총 일곱 명이 썼다. 1801년 류경, 1810년 큰딸, 1810년 작은딸, 1936년 권상규, 1937년 이충호, 1937년 권두식, 1936년 현손 류근영의 순서로 실려 있다.[64]

〈태교신기장구언해〉는 류희가 어머니의 원작에 한글로 음과 토를 단 뒤, 한 칸 내려서 원작의 의미를 한글로 풀이한 것이다. 서명은 '태교신기언해'다. 여기에는 원작에 대한 뜻풀이만 있고, 본문에 덧붙인 주해를 다시 수록하지 않았다. 그리고 맨 마지막에 이 책의 간행을 도운 권정섭의 글이 있다.

태교는 수신(修身)이다

이사주당은 사람의 기질은 누구나 동일하다고 보았다. 성인(聖人)과 보통 사람이 이미 정해진 것이 아니고, 누구든지 가르쳐서 이끌면 성인이 될 수 있다고 생각했다. 그래서《태교신기》에는 태아 때부터 인간의 기질을 선한 방향으로 이끌어가는 교육이 가장 중요하다는 요지를 담고 있다. 자식이 재능 없고 지각이 맑지 못함은 아버지와 어머니의 허물이지 결코 스승에게 그 허물을 돌려서는 안 된다고 했다.

이사주당이 태교의 요점으로 꼽은 것은 '공경'과 '삼감(謹)' 그리고 '정심(正心)'이다. 즉 마음을 바르게 하여 늘 삼가는 데 태교의 길이 있다는 것이다. 이사주당은 "자식은 피로 말미암아 이루어지고 피는 마음으로 인해 움직이므로, 그 마음이 바르지 못하면 자식의 이루어짐도 바르지 못하니, 임신한 여성의 도리는 공경으로서 마음을 앉히어 방심하지 않는 것이다"[65]라고 하여 공경하는 마음을 강조했다.

여기에 이어서 "잠깐이라도 공경하는 마음을 잊으면 이미 피가 그릇되나니, 이것이 임신한 여성의 마음가짐이다"라고 했다. 그러므로 이사주당이 바라보는 태교란 미래 세대를 위한 가르침의 출발점인 동시에, 임신한 여성이 행하는 '수신(修身)'의 하나였고, 이로써 이전에는 여성으로서 맛볼 수 없던 뚜렷한 사명감을 고취시켰다.

이사주당이 《태교신기》에서 주장한 태교는 《열녀전》을 비롯해 기존의 논의에 뿌리를 두고 있으나, 거기에 담긴 내용은 새로운 것이었다. 그녀는 태교에 성리학적 가치, 즉 수신이라는 새로운 성격을 부여해 태교라는 단일한 주제를 통해 인성의 형성과 가르침에 대한 이야기를 담아냈다. 이런 면에서 《태교신기》는 당대에 권장된 태교의 내용과는 확실히 다른 지점에 있었다.

이사주당의 태교는 《열녀전》의 태교에 비해 한걸음 앞으로 성큼 나아간 것이었다. 이사주당은 삼감을 기꺼이 하기 위한 마음을 창출하도록 도덕적인 개인 수양, 즉 수신을 요구했다. 그녀는 "천하의 모든 일이 힘써 행하면 다 이룰 수 있고 그만두려 하면 그릇되니, 어찌 힘껏 행해도 이루지 못할 것이 있으며, 훌륭하고 슬기로운 자도 쉬운 일이 없는 것이다"[66]라고 하여 여성의 쉼 없는 실천을 요구했다. 여성에게 태교를 통해 도덕질서 속에 한층 발을 들여놓도록 적극 권장한 것이다.

또 이사주당은《대학》에 나오는 "마음으로 진실로 구하면 비록 맞지 않아도 멀지 않다"라는 구절을 인용했다.[67] 이는 자식 기르는 방법이 따로 있는 것이 아니라, 여성이 공경하는 마음으로 태교에 임하면 곧바로 그 가르침에 근접할 수 있다는 의미였다.

결론적으로 말하자면《태교신기》는 태교에 관한 독창적인 주장과 기존의 논의를 한 단계 진전시킨 새로운 사유를 담은 책이다. 이사주당에 의해 이제 태교는 생활 속 실천 규범에서 벗어나 철학으로 재탄생했으며, 수신의 목적으로 탈바꿈했다. 여성도 남성 유학자처럼 자신에게 주어진 수신의 의무를 궁극적으로 실현해야 하며, 이로써 여성의 일상 공간을 도학(道學)을 실현하는 장으로 연결하려는 인식의 전환을 보여주었다. 이사주당이 이 책에서 태교의 필요성에 대해 많은 지면을 할애한 점도 태교에 대한 인식의 전환을 의도했기 때문이다.

끝으로, 이사주당은 임신한 여성의 행동거지를 하나하나 상세하게 제시해 누구나 쉽게 태교의 길로 나아가도록 이끌었다. 태(胎)가 성품의 근본이라고 강조한 이사주당이 여성에게 요구한 것 역시 어진 성품이며, 이것은 일상생활의 실천 속에서 구현할 수 있다고 생각했다.

그녀는 어머니와 배 속의 자식은 혈맥으로 이어져 있어 어머니의 행동거지가 그대로 아이의 성품이 되고, 어머니가 보고 듣는 것이 아이의 기질이 되며, 어머니가 먹는 음식이 자식의 살이 되므로 엄마 될 사람이라면 늘 삼가야 한다고 강조했다.

이사주당이 태교를 실천하기 위한 행실의 준거로 삼은 것은 《열녀전》이다. 그러나 보고 듣고 말하기, 거처하기, 일상 노동(누에 치기, 바느질, 식사 준비 등의 일하기), 몸의 움직임, 길 다니기, 잠자기, 음식 섭취 때 각별히 조심하기 등의 내용은 《열녀전》보다 구체적이고 과학적이다.[68]

권상규가 《태교신기》 〈발문〉에서 "이 책이 《소학》 〈수편(首篇)〉에 근본을 두었으나, 말씀이 자세하고 절실해 그보다 더함이 있다"라고 한 것도 이러한 맥락에서 이해할 수 있다. 그리고 이사주당은 이 모든 것이 마음을 바르게 갖기 위한 방편이라는 점을 강조했다.

태교를 둘러싼
논의

《열녀전》의 태교, 조선시대 태교의 시작과 끝

조선은 교육을 중시한 나라답게 각종 교육서가 넘쳐난 왕조였다. 환경이 이렇다 보니 태교에 대한 글이 담긴 문헌 역시 아주 많은 편이었다. 그런데 그 내용을 살펴보면 흥미로운 점을 발견할 수 있다. 그것은 대부분 《열녀전》에 나오는 내용이라는 것이다.

대표적으로 조선 최초로 여성, 그것도 왕실 여성이 쓴 여훈서인 《내훈》을 들 수 있다. 저자인 소혜왕후(성종의 어머니)는 태교에 대해 중국 주 문왕의 어머니인 "태임이…… 임신하심에 이르러 눈으로는 궂은 빛을 보지 아니하시고, 귀로는 음란한 소리를 듣지 아니하시며, 입으로는 오만한 말을 내지 않으셨다"라고 했다. 이는 《열녀전》에 나오는 내용 그대로다.

율곡 이이는 《성학집요(聖學輯要)》에서 아동 교육의 첫머리에 태교를 두었다. "옛날 부인은 아이를 임신하면 옆으로 누워 자지 않고, 삐딱하게 앉지 않으며, 외발로 서지 않고, 맛이 야릇한 음식은 먹지 않았다. 자른 것이 반듯하지 않은 음식은 먹지 않고, 자리가 바르지 않으면 앉지 않았다. 이같이 한다면 자식을 낳아도 형체나 용모가 단정하고, 재주가 남보다 뛰어날 것이다"[69]라고 하면서 《열녀전》을 인용했다는 주를 달아놓았다.

숙종 대의 대표적 북벌론자 윤휴도 태교에 대해 말했다. 윤휴는 남인으로서 송시열 등 서인과 맞서다가 사문난적(斯文亂賊)으로 몰려 죽임을 당한 인물이다. 그는 주자의 해석 방법을 비판적으로 수용하고 《중용》과 《대학》 등을 독자적으로 해석해 당시 학계에 큰 파문을 일으켰다.

그런데 태교에 관해서는 윤휴 역시 《열녀전》을 인용해 "아이를 임신한 부인은 누울 때는 비스듬히 눕지 않고, 앉을 때는 치우치게 앉지 않으며, 설 때는 외발로 서지 않고, 삿된 음식을 먹지 않으며, 자른 것이 바르지 않으면 먹지 않고, 자리가 바르지 않으면 앉지 않으며, 눈으로는 삿된 색을 보지 않고, 귀로는 음란한 소리를 듣지 않으며, 밤이면 소경 악사를 시켜 시(詩)를 외우게 하고, 바른 일을 이야기하게 한다"[70]라고 했다.

18세기 이후에도 태교의 내용은 《열녀전》에서 크게 벗어나지 않았다. 앞에서 소개한 경상북도 안동 지역의 선비 권구가 지은 《병곡 선생 내정편》이나 안동 선비 김종수가 딸에게 지어준 《여자 초학》, 이빙허각이 저술한 《규합총서》 역시 그 내용이 다르지 않았다.

조선 양반의 필독서이자 생활지침서인 《소학》에 나오는 태교도 《열녀전》의 내용과 같다. 중국 송(宋) 대의 학자 주희가 엮은 《소학》은 아동 교육을 태교에서 시작한다. 첫 장인 〈입교(立教)〉에서 《열녀전》을 인용해 여성이 아이를 가졌을 때는 옆으로 누워서 자지 말고, 자른 것이 바르지 않으면 먹지 않으며, 자리가 바르지 않으면 앉지 않고, 사특한 것을 보지 않으며, 음란한 소리를 듣지 않고, 밤에는 시를 외우며 바른 일을 말하면 형체가 단정하고 재주가 남보다 뛰어난 아이를 낳는다고 했다.[71] 옛일을 살펴 공부한다는 뜻의 〈계고(稽古)〉에도 태임이 문왕을 임신한 뒤 나쁜 것을 보지 않고, 음란한 소리를 듣지 않으며, 오만한 말을 하지 않았다는 내용을 그대로 실어놓았다.

이처럼 조선 사회에서 태교를 말할 때 가장 큰 영향력을 발휘한 문헌은 《열녀전》이다. 《소학》도 종종 인용됐으나 《소학》 역시 《열녀전》을 준용했으므로 《열녀전》이 조선시대에 널리 통용된 태교 관련 책이라고 할 수 있겠다. 《열녀전》에 기초한 태교란 태아의 인성을 올바르게 형성하기 위해 유학의 가치관에 기초한 여성의 바른 행실을 강조하는 것이었다.

이러한 경향은 불교의 율법에 기초한 태교가 강조됐던 고려시대와 큰 차이를 보인다. 《열녀전》이 고려 때 전래했을 것이라고 주장하는 연구자도 있으나, 공식 기록은 조선 초의 《태종실록》에 처음 보인다.[72] 고려와 조선에서 태교의 기반이 달랐음을 알 수 있다.

부덕을 갖춘 여성이 태교도 잘한다

한국과 중국의 태교론을 비교한 연구에 따르면 중국의 태교론은 유교, 불교, 도교 등의 영향을 받으면서 주로 의학 차원으로 발전한 반면, 한국에서는 한(漢) 대에 형성된 유가적 태교론을 심화하는 방향으로 발전하면서 강한 도덕적 성격을 띠었다.[73] 이 지적은 태아를 하나의 인격체로 보고 어머니의 마음과 몸가짐이 태아의 자질 형성에 결정적인 영향을 미친다는 점을 강조한 조선 태교의 특징을 잘 말해준다.

사실 조선 사회에서 여성의 마음과 몸가짐은 다양한 면에서 시험대에 올랐다. 《증보산림경제》에서는 여성에게 네 가지 덕이 있으면 반드시 귀한 아들을 낳는다고 했다. 첫째는 평소 남과 싸우거나 겨루지 않는 것, 둘째는 어려움 속에서도 원망하는 말을 하지 않는 것, 셋째는 음식을 절제하는 것, 넷째는 어떤 말을 들어도 놀라거나 기뻐하지 않는 것이다. 이렇듯 아들을 낳기 위해서는 여성의 마음가짐과 행실이 우선임을 강조했다.

이재의 어머니 여흥 민씨가 시어머니에게서 "우리 며느리의 어짊으로 다행히 사내아이만 두게 된다면 어찌 우리 가문의 복이 아니겠느냐?"[74]라는 기대를 받았듯이, 아들 출산의 여부는 그 여성의 성격이 어진지 아닌지로 가늠됐다. 여성의 덕과 선행을 아들 출산의 필수 조건으로 간주하는 이러한 사회 분위기는 가정의 흥망을 좌우하는 요소로 확장될 가능성이 꽤 높았고, 실제로 여성에게 수준 높은 도덕성을 요구했다.

조선에서 태교가 여성의 덕행과 직결된 것은 개창 이후 조선을 이상적인 유교 사회로 변모시키려는 양반 남성의 열정 때문이었다. 특히 조선 개창 이후 여성에게 고려 왕조와 다른 새로운 질서를 부여하려 한 개혁가와 양반 남성은 주 문왕의 어머니 태임이 태교를 잘한 결과 문왕이 성군이 됐으며, 문왕의 며느리 읍강 역시 태교에 힘써 성왕을 낳았다는 이야기에 주목했다. 그리하여 양반 남성은 태임의 고사를 통해 태교의 중요성과 여성의 행실을 내적으로 결합해 끌어왔으며, 이 둘은 밀접한 연관성이 있다고 전파하는 데 많은 노력을 기울였던 것이다.

요컨대 훌륭한 어머니라면 태교에 힘쓴다는 증거가 바로 태임이며, 최고의 어머니이자 부덕을 갖춘 여성으로 추앙받는 태임의 태교가 《열녀전》에 실리면서 조선에서도 여성이 실천해야 할 중요한 덕목으로 자리 잡은 것이다.

또 유교 문화권에서는 여성이 갖는 긍정적 의미가 '아들의 어머니'라는 점도 간과할 수 없다. 《예기》에서 자사가 "내 처는 내 아들의 어머니다. 내 처가 아니면 내 아들의 어머니도 아니다"라고 했듯이, 여성은 아버지와 아들을 연결해줄 때 비로소 유의미한 존재로 인정받았다.

태교가 부덕으로 강조되다 보니 여성을 추모하는 글에는 태교를 잘 실행했다는 언급이 자주 등장한다. 허균이 "신사임당의 성품은 고요하고 굳셌으며 문장에 능하고 그림도 잘 그렸다. 규범이 매우 엄해서 여칙(女則)으로써 자신을 단속했는데, 율곡 선생의 학문은 태교에서부터 얻은 것이 많았다"[75]라고 하여 신사임당의 태교를 강조하면서 율곡 이이의 학덕을 드높인 것에서도 조선시대 양반 남성이 갖고 있던 태교에 대한 이상적인 믿음이 여과 없이 드러난다.

또 이민보는 영의정 김익의 묘지명에서 "(공을) 임신하자 어머니가 옛사람의 태교를 좇아서 여러 달을 하루같이 하니 공이 태어나자 평범한 아이들과 대단히 달랐다"[76]라고 했다. 곧 김익이 어머니 풍천 임씨의 태교 덕분에 평범한 아이와는 대단히 다른 기질을 갖고 태어났다는 것이다. 이에 대해 김익은 어머니가 지임(摯任, 태임의 어머니)의 태교법을 사모해 "입으로는 바르지 않게 자른 음식을 드시지 않고, 앉을 때는 바르지 않은 자리에 앉지 않으셨다"라고 회고했다.[77]

이식은 조경인의 부인 심씨의 묘지(墓誌)를 썼는데, "아이를 임신했을 때 기거하고 먹고 마시는 일을 일체 옛사람의 태교에 따라 준행했다"[78]라고 했다. 민우수는 생질의 부인인 영일 정씨의 묘지에서 "임신해서는 음식과 거처가 모두 바른 도(道)로서 하니 옛 태교의 법도와 같았다"[79]라고 했다.

이현일 역시 어머니 안동 장씨의 행장(行狀)에서 어머니가 임신한 뒤 《열녀전》의 내용대로 태교를 수행해 모양이나 빛깔이 온전하지 않은 과일과 채소는 입에도 대지 않았다고 전했다. 또 안동 장씨가 모친의 회갑 잔치 때 기생의 노랫소리나 처용무, 탈춤놀이를 듣고 보지 않기 위해 온종일 고개를 숙이고 눈을 감은 채 지냈다는 일화도 함께 전했다.[80]

'군자'의 탄생을 위한 태교

중국 강남의 풍속에는 아기가 태어나서 첫돌이 되면 목욕을 시키고 새 옷을 만들어서 예쁘게 차려 입힌다. 남자아이면 활·화살·종이·붓을, 여자아이면 가위·자·바늘·실을 마련하는데, 여기에 음식과 진귀

김홍도, 〈모당 홍이상공 평생도〉 속 돌잔치 모습 ⓒ 국립중앙박물관

한 물건, 장난감 등을 더해 아이의 앞에 놓고 그 아이가 생각해서 잡는 물건을 보고 욕심이 많은지 적은지, 우둔하지 총명한지를 시험한다. 이를 시아(試兒)라고 한다.[81]

안지추가 펴낸《안씨가훈》에 나오는 말이다. '시아'라는 전통시대 중국 강남의 첫돌 풍속을 묘사한 것이다. 아이를 시험해본다는 의미의 이 풍속에는 부모를 비롯해 주변 사람이 새로 태어난 아이에게 거는 부푼 기대와 희망이 고스란히 반영되어 있다.

조선에서도 첫돌 풍속은 이와 비슷했다. 17세기 경상도 달성군에 살던 양반 곽주는 아내 하씨에게 보낸 편지에서 "대임이는 어제 생일에 무엇을 먼저 잡던고? 기별 몰라 더욱 잊지 못해하네"[82]라며 궁금해했다. 곽주는 생일잔치에 가지 못했는지 막내아들 대임이가 어떤 물건을 잡았는지 아내에게 묻는다. 이 광경은 오늘날 첫돌 잔치에서도 흔히 볼 수 있다.

아이는 생명 그 자체로서도 소중하지만 다음 세대를 이어가야 하므로 오래 살고 총명해야 한다. 그러기 위해서는 어떻게 해야 하는가? 바로 여기서 어머니의 역할이 대단히 중요하다고 여겼다. 소혜왕후는 "어린아이에게 허물이 있는 것은 모두 어머니의 양육 탓이다. 자식이 어리석고 못난 것은 진실로 어머니에게 책임이 있는 것이니 어머니여, 어머니여, 자칫 그 허물을 다른 곳에 핑계하지 말 것이다"라고 했다.

그렇다면 아이를 어리석지 않게 기르려면 무엇을 해야 하는가? 바로 이 지점에서 교육의 첫걸음인 태교가 강조됐다. 이사주당은 "남편의 성(姓)을 받아서 그 성을 아버지에게 돌려보내니, 잉태한 열 달 동안 감히 몸을 함부로 하지 않는다"[83]라면서 "어찌 열 달 공부를 힘써 행하야 그 자식을 어질게 하고 스스로 군자의 어머니가 되지 않겠는가?" 하고 지적했다.

이사주당은 태교의 목적이 아이의 건강이라고 하면서도 재주 있는 아이에 대한 언급을 빠뜨리지 않았다. 이사주당은 옛 성왕이 태교의 법을 두어 자식을 미리 가르친 것은 자식을 중히 여겨서가 아니라, 자식이 조상을 닮지 못하면 그 아버지가 불효하는 것이라고 여겼기 때문이라고 보았다.[84] 여기에는 가문의 영광을 잇거나 재현할 수 있는 바른 자식을 얻기 위해 태교를 해야 한다는 의미가 내포되어 있다. 그리하여 이사주당은 "기르는 도리를 다하지 않고 오래 눕고 늘 잠을 자서 (……) 이 때문에 그 병을 더하게 하고 해산을 어렵게 하며, 그 자식을 못나게 하여 가문의 명예를 떨어뜨린 후 운명에 원망을 돌린다"[85]라고 질타했다.

이처럼 이사주당이 태교의 필요성을 역설한 것은 군자의 어머니가 되기 위해서는 반드시 실천해야 하는 첫걸음이었기 때문이다. 곧 태교를 실행해 낳은 어진 아이는 커서 군자가 될 것이며, 군자로 자란 아이는 집안을 빛낼 재목이 되리라는 기대였다.

앞서 소개한 윤휴는 태교를 언급하면서 보충 설명으로 "아이를 임신했을 때는 반드시 느끼고 접촉하는 것을 신중히 해야 하니, 마음이 사물에 감촉하면 아이의 형체와 음성이 그대로 닮게 된다. 그러므로 임신한 여성이 이 점을 잘 삼가면 형용이 단정하고 재주와 식견이 반드시 남보다 뛰어난 아이를 낳게 된다. 이를 태교라 한다"라는 내용을 추가했다. 이와 관련해 18세기 중후반 학자로 이름난 윤형로의 발언이 눈길을 끈다.

집안의 흥망성쇠를 알고자 한다면 마땅히 자식 가르치는 것을 잘하는지 아닌지를 살펴야 한다. 잘 이끌어서 자손이 어질면 그 집안은 오래가며, 가르치지 않아 자손이 어리석으면 그 집은 망해버린다. (……) 옛날에는 부인이 임신했을 때 자고 먹고 앉고 서고 보고 듣고 말하고 행동하는 것이 오로지 바른 데서 나왔다. 그러므로 자식을 낳으면 외모가 단정하고 재주가 남보다 뛰어났으니, 이를 태교라고 한다. 부인이 임신했다면 마땅히 권장하고 삼가야 한다.[86]

윤형로가 자식 교육을 강조하면서 태교를 언급한 이유는 태교를 잘해 낳은 아이는 외모가 단정하고 재주가 남보다 뛰어나다고 여겼기 때문이다. 다시 말해 다른 사람보다 뛰어난 아이의 탄생이 집안을 흥하게 하는 열쇠가 되며, 그것은 태교에서 시작한다고 인식한 것이다.

19세기의 사상가 최한기가 "산업(産業)의 성쇠나 집안 법도의 흥패는 처를 얻는 것에서 처음 터전을 이루어 태교와 낳고 기름을 잘하느냐, 잘하지 못하느냐에 따라 이루어지는 것이다"[87]라고 말한 것도 이런 맥락에서 이해할 때 그 의미가 명료해진다.

조선 사회에서 태교란 가계를 이을 바른 자식을 낳기 위한 실천 방안으로서 집안의 흥망성쇠와 직결된 매우 중요한 사안이었다. 태아 교육을 잘해서 낳은 아이는 커서 군자가 될 것이며, 군자로 자란 아이는 집안을 빛낼 재목이 되리라는 전망과 희망이 담긴 것이었다. 곧 태교를 하여 낳은 아이는 모습이 반듯할 뿐만 아니라, 다른 사람보다 인성이나 재주 또한 뛰어나다고 본 것이다. 이 때문에 태교는 각종 의학서나 여성 교훈서에 빠지지 않고 실려 권장됐고, 사회적으로 매우 중요한 사안으로 자리를 잡게 됐을 것이다.

태교의 전파와 확산

조선시대에 태교가 어느 정도나 전파됐는지는 정확히 알 길이 없다. 다만 앞서 소개한 다양한 문헌을 통해 태교가 조선 사회에 널리 퍼져 나갔으리라는 정황은 충분히 짐작할 수 있다. 예를 들어 조선 후기 민간에서 폭발적인 인기를 끈 한글 소설 《심청전》에도 태교가 등장한다.

심학규의 아내 곽씨는 "어질고 지혜로워서 태임과 태사 같은 덕행과 장강(莊姜) 같은 아름다움과 모란(木蘭) 같은 절개"를 가졌다. 더구나 곽씨는 눈이 어두운 심학규를 대신해 "하루 한시도 놀지 않고 손톱 발톱 잦아지게 품을 팔아" 재산도 장만했다. 또 곽씨가 치성을 드린 끝에 임신하자 태교를 잘해서 심청 같은 효성스러운 딸도 태어났다. 그러나 불행히도 곽씨는 산후병으로 해산한 지 7일도 안 되어 죽고 말았다.

곽씨 부인은 어진 마음으로 자리가 바르지 않으면 앉지 않았으며, 음식이 바르지 않으면 먹지 않았으며, 귀로는 음란한 소리를 듣지 않았으며, 눈으로는 나쁜 것을 보지 않았으며, 서서는 몸을 삐딱하게 하지 않았으며, 누워서는 옆으로 눕지 않았다.[88]

또 경상도 지역에서 생산된 수많은 규방가사에 태교의 내용이 나오는 것도 태교가 폭넓게 유포된 상황을 짐작하게 한다. 경상도 상주 지방에 전해오는 〈계녀가(誡女歌)〉를 보자.

기운 자리 안지 말며

사식을 보지 말며

음식을 듯지 말며

십식을 이리 ᄒᆞ야

주식을 나아시면

골이 방정ᄒᆞ고

기질이 정수ᄒᆞ고

총명이 더ᄒᆞ리라

문왕의 모친께셔

문왕을 비여실 씨

이갓치 ᄒᆞ엿스니

법ᄇᆞ담즉 ᄒᆞ니라[89]

내용을 풀어보면 '자리가 똑바르지 않으면 앉지 말고, 요사스러운 것을 보지 말며, 10개월을 이렇게 하여 자식을 낳으면 얼굴이 방정하고 기질이 순수하고 총명이 더할 것이다. 주 문왕의 어머니가 문왕을 임신했을 때 이같이 했으니 본받을 만하다'라는 의미다. 태교가 18~19세기에 민간에 깊숙이 퍼져 있었음을 알 수 있다.

또 조금 늦은 시기인 1928년 이병곤이 쓴 일기를 보면, 그는 며느리에게 태기가 있다는 소식을 듣자마자 태교법을 한글로 베껴서 며느리에게 보냈다.[90] 시아버지가 며느리의 임신 소식을 듣자

마자 태교법을 써서 건네는 이 현실은 태교가 하나의 전통으로 자리 잡았음을 보여준다.

더욱 주목할 만한 것은 태교의 방식을 여성이 덕을 쌓는 수신의 방편으로 제시했다는 점이다. 앞서 소개한 18세기 중엽 이후 경상북도 문경의 고씨(高氏) 집안에서 만들어져 대대로 필사되어 내려오는 《규범》의 한 대목을 보자.

여성의 용모란 부인의 거동이니 타고난 추악한 얼굴을 곱거나 아름답게 하지는 못하나, 마땅히 얼굴 가지기를 조용히 하고, 의복을 정제히 입고, 말씀을 드물게 하고, 앉으며 서기를 공순하게 하고, 걸음을 찬찬히 걸으며, 자리가 바르지 아니하면 앉지 아니하고, 벤 것이 바르지 아니하거든 먹지 아니하며, 의복을 차리지 말고 추위에 얼지 아니할 만큼 입고, 음식을 너무 사치하지 마라.[91]

곧 태교가 임신한 여성만이 아니라, 일반 여성의 일상적인 교육 방식으로 활용됐음을 알 수 있다.

5

태교
태교법과
음식

《조선왕조실록》등 연대기 자료에 나오는 왕실의 태교는 대체로 주 문왕의 어머니 태임의 태교를 따랐다. 다행인 점은 왕실 여성이 출산 임박 때나 출산 직후 알아야 할 기초 지식을 담은 《임산예지법》이라는 특별한 문헌이 현재까지 잘 남아 있어 왕실에서 시행한 태교의 방식을 알 수 있다는 것이다.

조선 사회의 태교법에서 가장 중요한 사안은 조심이었다. 마치 도공이 도자기를 여러 공정을 거쳐 정성스럽게 만들어내듯이, 태교 역시 건강하고 재주 있는 아이의 탄생을 간절히 소망하면서 삼가는 데 역점을 두었다. 그래서 부부는 임신하기 전부터 행동과 마음 씀을 조심하고 삼가야 했다.

임신한 뒤에는 임신부에게 많이 자거나 오래 누워 있지 말고 자주 걸으라고 조언했다. 무엇보다 임신 중에는 부부가 함께 조심하고 삼가며, 아버지 될 사람의 욕망 억제를 강조했다. 그리고 여성만이 아니라 집안사람 모두의 합심과 공동 참여를 강조했다.

조선 왕실의
태교

왕실의 출산이 갖는 의미

조선은 500여 년을 유지한 왕조다. 이 긴 시간 동안 조선 왕실은 크고 작은 내분과 수많은 곡절을 겪으면서도 후사를 끝까지 이었다. 왕실은 대통의 승계라는 커다란 숙제를 안고 있었으므로 구성원의 지속적인 충원이 중요한 과제였다. 왕조 국가의 특성상 자녀의 탄생이 국가 번영과 직결됐기 때문이다. 그래서 조선 왕실은 일반인과 달리 특별한 출산 문화를 발전시켰다.

한 연구 결과에 따르면 조선 왕실의 출산력은 조선 후기로 갈수록 현저히 낮아졌다.[1] 인조를 중심으로 이전의 국왕은 평균 자녀 수가 열두 명 정도였다면, 인조 대 이후로는 평균 자녀 수가 여섯 명 정도로 50퍼센트나 감소했다. 또 조선시대에 추존 왕비를 제외하고 왕비 41명 중 자식을 낳지 못한 왕비는 조선 후기에 집중돼 있다. 인조의 비 장렬왕후, 숙종의 비 인현왕후와 인원왕후, 경종의 비 단의왕후와 선의왕후, 영조의 비 정성왕후와 정순왕후, 정조의 비 효의왕후, 헌종의 비 효현왕후와 효정왕후, 순종의 황후 순명효황후와 순정효황후다.

숙종은 인경왕후와의 사이에 공주만 둘을 두었다. 현종의 비 명성왕후는 숙종의 재혼을 주장하면서 "주상이 아직 국가의 근본을 마련하지 못했는데, 국가의 일 중 이보다 더 중요한 일이 없습니다"라고 했다.

조선 왕실에서는 왕비가 아들을 낳지 못한다고 하여 이혼을 하지는 않았다. 그 대신 후궁을 들여 후사를 보존했다. 결국 숙종은 1686년(숙종 12) 김창국의 딸을 후궁으로 들였다. 후일의 영빈 김씨다. 당시 숙종은 후궁 간택을 명하면서 그 이유를 이렇게 말했다.

내 나이 장차 30세인데, 아직도 후사가 없이 하루 이틀 미루다가 오늘에 이른 것이다. 종사와 신민의 부탁을 생각할 적마다 나도 모르게 한밤에 한숨이 나오고 혹시 병을 앓을 적에는 걱정과 두려움이 간절했다. 당초 간택하는 명령도 후궁을 많이 두려는 뜻에서 나온 것이 아니고 진실로 국가의 대계를 위한 것이었다. 내가 1678년에 큰 병을 앓은 이후로 삼가 조섭의 경계를 일찍이 조금도 늦춘 적이 없었으니 비

록 대신들이 아뢰는 말이 없더라도 내 어찌 생각이 여기에 미치지 않

겠는가? _《숙의가례청등록》, 1686년 3월 초3일

숙종의 전교처럼 왕실에서는 출산을 종묘사직과 만민을 위한
중대한 일로 여겼다. 국가의 대계가 결정되지 않으면 왕실의 존재
기반이 흔들리므로 출산을 그 어떤 국정보다도 중시했던 것이다.
이런 가운데 조선 왕실에서는 안전한 출산을 위해 여러 조치를 취
했다. 오랜 시간 전해 내려온 출산의 전통을 이으면서도 의학과
새로운 의례를 접목해 조선 왕실만의 출산 문화를 조성해 나갔다.

산실청과 호산청, 왕실 출산 부서

1871년(고종 8) 명성황후가 첫 왕자를 낳았다. 왕실에서 참으로 오
랜만에 왕비에게서 왕자가 태어났으니 그 기쁨은 이루 말할 수 없
었다. 영중추부사 정원용은 나라 안에 환호성과 화합의 분위기가
넘쳐난다고 고종에게 아뢰었다. 판중추부사 이유원은 종묘사직이
억만 년 동안 공고하게 이어질 터전이 오늘 시작됐다면서 경하를
올렸다. 하지만 이 왕자는 태어난 지 5일 만에 죽고 말았다.
전통시대에 출산은 임신부나 아이 모두 자칫 생명을 잃을 수 있
는 위험한 일이었다. 현전하는 양반가의 일기에서 임신부나 아이

가 출산 중이거나 출산 뒤에 사망한 사고를 찾는 것은 어려운 일이
아니다. 출산의 위험은 왕실도 예외가 아니어서 왕비나 후궁이 출
산 중이거나 출산 뒤에 목숨을 잃는 일이 종종 발생했다.

1412년(태종 12) 태종은 왕비의 난산을 도운 사람들에게 상을 내
렸다. 또 점술가가 아이가 일찍 죽을 수도 있다고 경고하자 사가로
내보내 길렀다. 문종의 비 현덕왕후는 세자빈 시절 단종을 낳은 뒤
3일 만에 세상을 떴다. 그녀의 나이 스물넷이었다. 예종의 비 장순
왕후도 세자빈 시절 인성대군을 낳은 뒤 한 달도 채 되지 않아 목
숨을 잃었다. 당시 나이 17세에 불과했던 그녀는 친정에서 숨을 거
두었다. 만삭 때 병을 앓다가 결국 출산 직후 목숨을 잃었다. 아들
인성대군 역시 3세에 요절하고 말았으니 어머니의 건강이 아이에
게 큰 영향을 끼쳤음을 알 수 있다.

조선에서 왕실 여성의 출산을 담당하는 기구가 공식적으로 설
치된 시기는 17세기 무렵이었다. 후사를 중시한 분위기치고는 늦
은 편이라고 할 수 있다. 왕비의 출산을 위해 산실청(産室廳)을 두
었고, 후궁의 출산을 위해 호산청(護産廳)을 설치했다. 이곳은 왕실
구성원의 의료를 전담한 내의원 소속의 의관과 의녀 중에서 실력
이 뛰어난 사람만 참여할 수 있었다.

산실청이 《조선왕조실록》에 처음 등장한 해는 1603년(선조 36)
이다. 당시 왕비는 선조의 두 번째 비 인목왕후였는데, 인목왕후가

그해 5월 낳은 아이가 정명공주다. 그 이전에는 왕비의 경우 궁궐 안에 산실을 마련하고 내의원에서 출산을 지원했다. 그러다가 17세기 이후 비로소 출산을 전담할 공식 기구를 출범시켜 출산도 국정의 장으로 끌어들인 것이다.

후궁은 선조 이전까지는 친정에서 출산했다. 후궁이 사가로 나가 출산한 이유는 잘 알려져 있지 않다.《선조실록》에는 궁궐의 법이 너무 엄해 후궁이 밖으로 나가 출산했다고 나온다. 그러다가 1580년(선조 13) 선조의 후궁인 숙의 정씨가 친정에서 출산하다가 난산 끝에 사망하는 일이 발생했다. 이 일을 계기로 후궁도 궁궐에서 출산하도록 조치했다.《조선왕조실록》에 후궁의 산실을 궁궐 안에 설치했다는 기록은 1619년(광해군 11)에 나타나며, 호산청이라는 명칭은 1688년(숙종 14)에 처음 등장한다.

왕자 탄생을 위한 발원

조선 왕실에서 왕비나 후궁이 왕자를 출산하는 일은 왕실의 안녕과 번영을 유지하는 중요한 일이었다. 그래서 왕비나 후궁은 다양한 방법으로 아들 낳기를 빌었다. 발원의 대상은 초자연적 힘을 가진 신이었다.

1427년(세종 7) 당시 왕세자였던 문종이 김오문의 딸과 가례를 올렸다. 이때 세종이 왕세자빈에게 내린 죽책(竹冊, 책봉문서)의 글을 정인지가 지었는데, 정인지는 이 글에서 "길이 많은 복을 받아 마침내 웅몽(熊夢)의 상서를 점칠 것이다"[2]라고 축원했다. 웅몽이란 곰 태몽이니, 곧 아들 낳을 꿈을 말한다. 복을 받아 아들을 낳아서 후계를 세우기를 바라는 기원이 당시 며느리를 맞이하는 세종의 마음이었을 것이다.

임진왜란 이전 왕실에서는 임신 및 출산과 관련해 여전히 도교 의례가 성행했다. 도교 제사를 주관하는 관아인 소격소(昭格署, 창설 당시 명칭은 '소격전')를 1396년(태조 5) 설치했다가 1506년(연산군 12) 없앴으나, 이 부서를 없애기 전까지 왕실에서 생명과 관련된 일에는 도교 의례가 빛을 보았다. 초자연적 존재에게 신생아의 고귀한 생명과 건강을 기원하고자 했기 때문이다.

1563년(명종 18)에는 대궐에서 환관을 몰래 외부로 내보내 영험 있는 산천에 가서 초제(醮祭, 별에게 지내는 도교 제사)를 지내게 하여 아들 낳기를 빌기도 했다. 또 사전(祀典)에 기록되지 않은 산천과 언덕, 샘물이나 우물 중에서 영험 있는 곳을 찾아 보고하게도 했다.[3] 당시는 명종의 장남인 순회세자가 요절한 뒤였다.

조선 후기 왕실의 원당(願堂) 가운데 가장 많은 수를 차지한 것이 왕자 탄생을 발원하는 기도처였다. 원당이란 자신만의 소원을 빌기 위해 조성한 법당으로, 왕실에서도 왕이나 비빈이 사재를 털어 조성했다. 불교를 억제한 조선에서 원당을 세워 아들 탄생을 기원한 이 현상은 조선 전기에는 잘 나타나지 않는데, 조선 후기의 왕실 출산력 저하와 관련이 있어 보인다. 그만큼 간절했다는 의미일 것이다.

왕비나 후궁은 왕자 탄생을 발원하기 위해 한 군데 사찰에만 공을 들이지 않았다. 전국의 이름난 기도처마다 불단을 설치해 아들 낳기를 빌었다. 선조의 비 의인왕후의 경우 "전국 방방곡곡에 왕후의 원당 아닌 사찰이 없다"라는 말이 나올 정도였다. 영조의 비 정성왕후도 왕자 탄생 기도처를 전국 곳곳에 마련했다.[4]

숙종의 후궁이자 영조의 어머니인 숙빈 최씨는 첫아들을 잃은 뒤 전국 각지에 원당을 설치해 왕자 탄생을 발원했다. 경상북도 대구에 있는 파계사가 숙빈 최씨가 설치한 대표적인 원당이다. 숙빈 최씨는 파계사 주지 현응에게 왕자 탄생 기도를 의뢰했고, 연잉군(후일의 영조)이 탄생하자 숙종이 직접 파계사를 원당으로 지정해 내탕금을 하사하기도 했다.

전라남도 구례 화엄사의 각황전(覺皇殿)도 숙빈 최씨가 연잉군을 낳은 것을 기념해 숙종이 편액을 내린 건물이다. 1702년 장육전(丈六殿) 건물을 다시 짓자 숙종이 이곳에 각황전이라는 편액을 내린 것이다. 그리고 각황전에 있는 화엄석경은 숙빈 최씨의 시주로 조성됐다고 전해지는데, 이곳이 영조의 탄생 기도처였기 때문

화엄사 각황전 ⓒ 문화재청

이다.

정조는 1786년(정조 10) 서른 살이 넘어 얻은 아들 문효세자가 다섯 살에 요절하자 내원암, 마곡사, 선암사 등 전국 각지에 왕자 탄생을 기원하는 원당을 설치했다. 이후 1787년 새로 맞이한 후궁 수빈 박씨가 아들(순조)을 낳자 왕자 탄생을 발원한 내원암, 법주사 등에 토지를 비롯한 하사품을 내렸다.

왕실의 태교

동아시아에서 태교는 3000년 전 중국의 주 왕실에서 시작됐다. 중국에서 태교를 언급한 가장 오래된 책으로 꼽히는 《가의신서》는 한나라의 정치가 가의가 지었다. 가의는 임금의 교육을 중시해 태자가 태중에 있을 때부터 교육해야 융성한 나라를 이룰 수 있다고 주장했다.

조선 왕실에서도 아이가 태어날 때부터 고운 성품을 갖게 하기 위한 방도로 태교를 중시했다. 그 사례는 이미 세종 대에 나타난다.[5] 1424년 세종은 장녀 정소공주가 마마에 걸려 13세에 요절하자 큰 상심에 빠졌다. 세종은 정소공주를 위해 수륙재를 지내고 장례 때는 세 공신(功臣)과 의정부, 육조의 당상관이 성문 밖까지 나가 전송하고 노제(路祭)를 올리게 할 정도로 극진하게 살폈다.

예문관 제학 윤회는 정소공주의 묘지명에서 "애처롭다, 현철한 아가씨여, 일찍부터 태교를 받으시어 덕도 있고 용모도 뛰어났으며, 잘 삼가며 효도했는데, 천도가 창망해 어느덧 유명을 달리했도다"[6]라고 애도했다. 정소공주가 어머니 소헌왕후의 태교 덕분에 덕성도 있고 용모도 뛰어났으며 효성스러운 딸이었다면서 태교가 공주의 성품에 영향을 주었다고 한 것이다.

성종의 어머니 소혜왕후 역시 《내훈》을 지어 태교를 강조했다. 소혜왕후는 태임이 태교를 잘해서 주 문왕을 낳았다면서 태교의 방법으로 《열녀전》의 내용을 수록했다. 즉 옛날에는 임신을 하면 옆으로 눕거나 가장자리에 앉거나 비딱하게 서지 않았고, 이상한 맛이 나는 음식이나 바르게 자르지 않은 음식은 먹지 않았으며, 자리가 바르지 않으면 앉지 않고, 나쁘고 궂은 것을 보지 않으며, 음란한 소리도 듣지 않았다고 했다.[7] 이는 태임이 행한 태교로, 이후 조선 사회에 퍼져 나가면서 태교의 전형으로 굳어지게 됐다.

조선 후기에도 왕실에서 태임의 태교는 여전히 중시됐다. 정조의 어머니 혜경궁 홍씨의 애책문(哀冊文)에는 "태임과 같은 분이 되어 아름다운 이름이 드러났는데, 왕실의 며느님이자 문왕의 어머니와 같았습니다. 덕이 아름다워 이미 태교를 했고, 말씀은 근본을 미루어 《시경》을 본받았습니다"[8]라는 글이 나온다. 혜경궁 홍씨가 태임처럼 덕이 아름다워 이미 태교를 했다는 찬탄을 받은 것이다.

1827년(순조 27) 우의정 이존수는 대리청정 중인 효명세자에게 원손(헌종)의 교육에 힘쓸 것을 건의했다. 1827년 대리청정을 하기 직전에 효명세자는 왕자를 얻었다. 이존수는 왕세자가 바른 행실을 보여 모범이 되어야 한다면서 "문왕이 태어나면서부터 성덕이 있었던 것은 태교가 있었기 때문입니다. 태 안에서도 가르침이 있어야 하는데, 더구나 오늘날에 어찌 가르치는 도리를 소홀히 할 수 있겠습니까?"[9] 하고 건의한 것이다. 원손의 교육을 강조하기 위해 태교를 거론한 이존수의 발언에서도 태교가 성덕의 근원으로 여겨졌음을 알 수 있다.

고종이 신료 정범조, 이기정과 태교에 대해 나눈 대화도 들어볼 필요가 있다. 고종이 "부인이 임신하면 잠잘 때 옆으로 눕지 않고 앉을 때 바르게 하는 것인가?" 하고 물었다. 그러자 정범조가 "임신했을 때 이미 태교를 하여 선량한 단서로 가르치고, 낳아서는 올바른 사람을 간택해 가르치면, 그 성품을 바르게 유지해 군자가 될 수 있습니다"라고 대답했다. 이기정도 "주 문왕은 성인이고 문왕의 어머니 태임은 성모(聖母)입니다. 태임이 본래 임신했을 때부터 이미 태교를 했기 때문에 문왕이 성취한 것이 원대했으며, 문왕이 성인이 될 수 있었던 것도 바로 그 때문입니다"[10]라고 대답했다.

1870년(고종 7) 고종의 비 명성황후가 임신을 하자 내의원의 최고책임자 이유원은 "종사의 억만 년 무궁한 경사가 이제부터 시작되니, 임신 초기부터 음식을 절도 있게 들고, 거동에 조심하며, 어디서나 공경하게 지내고, 무슨 일이나 바르게 하는 것이 옛날의 태교입니다. 이로써 우러러 축원드립니다"라고 했다. 영의정 김병학도 "보호하는 일을 어느 하나도 더할 나위 없이 해야 한다고 생각하나, 문왕이 나면서부터 성덕을 지닌 것은 실로 태교가 있어서 그런 것입니다"라고 하여 태교를 강조했다.[11]

이처럼 《조선왕조실록》 등 연대기 자료에 나오는 조선 왕실의 태교를 보면 주 문왕을 낳은 태임의 태교를 신뢰하고 따랐다. 이미 15세기 후반 소혜왕후가 《내훈》을 지어서 왕실 여성에게 태임의 태교를 강조했으므로 왕실 여성 사이에 태임의 태교 방식이 폭넓게 확산됐으리라는 것을 알 수 있다. 이는 조선 후기에도 변함없이 지속되어 고종 대에도 여전히 왕실에서는 태임의 태교 방식을 중시했다.

《임산예지법》, 왕실 여성을 위한
출산과 산후 조리 지침서

한국학중앙연구원 장서각에는 《임산예지법》이라는 특별한 책이 있다.[12] 왕실 여성이 출산이 임박했을 때나 출산한 직후에 지키고 따라야 할 지침이나 금기를 적어둔 문헌이다. 언제 쓰인 것인지는 알 수 없으나 19세기로 추정된다.

이 책은 국내외 유일본으로, 조선 왕실의 출산 문화를 알 수 있는 대단히 귀중한 자료다. '임산'은 출산이 임박했을 때 또는 출산을 앞둔 때라는 뜻이다. 고운 붉은색 장정으로 꾸민 이 책자는 임신부나 산모가 보기 편하게 첩(帖)으로 접혀 있으며, 한글로 썼다.

《임산예지법》은 일곱 개 조항으로 구성된다. 〈임산예지법(출산을 앞두고 알아두어야 할 기초 상식)〉, 〈해만후근신제방(해산 뒤 산모가 몸을 추스르고 건강을 회복하는 방법)〉, 〈해태독법(태독을 없애는 방법)〉, 〈단제법(탯줄 자르는 방법)〉, 〈진유법(젖 먹이는 방법)〉, 〈세욕법(신생아를 씻기거나 목욕시키는 방법)〉, 〈보호법(신생아를 보살피는 방법)〉이다. 표지에 '임산예지법'이라고 책이름을 붙인 것은 첫 번째 조항을 그대로 가져다 쓴 것 같다.

이 책에서 태교와 관련해 눈길을 끄는 것은 첫 번째 조항 〈임산예지법〉으로, 출산을 앞두고 알아두어야 할 기초 상식이다. 태교를 직접 언급하지는 않았지만, 출산을 앞두고 조심해야 하거나 권장하는 내용이 들어 있어 왕실에서 역점을 둔 임신부의 유의 사항을 소상히 알 수 있다. 그 내용은 해산 기미가 있을 때의 조치 사항, 마음 자세, 몸의 상태, 실제 해산할 때의 유의 사항으로 나눠볼 수 있다.

해산할 기미가 시작되면 방 안팎을 조용하고 평온한 분위기가

古四大

臨産豫知法

半破

시산능오실씨로브러호요 호후를낫긋시의녀의
게하교능오셔빗쳐거힘을옴기웁오시며
시산능오실씨에 산실방웅방외에원묘와금호
거름을못호게호오시고맛당이문호를구지닷
습고고요히셔둘기두리오시며 산실방웅에
명롱과장을다만공호울호피호오시고가이죵념
지아니게항옵교옹물호여더운기운이증립게
마오시며의되온랑을반드시뎍둥이능오셔녀
모드숭며너모셔눌호게마오시며
시산능오실씨에언굣고유식할교훈근호부녀
삼수인을갈호여좌우에붓드러외시게항옵교
년요호고셩졍이영조호사롬과다못힝졍항능눈
사롬운일졀호블입을받게항오시며
림산향오실씨에엄셔룰당호오시면맛당이깁고
고요훈집희빗만곳에거쳐호오시고항호도여
로시고만이마긔근물을담아노으사열긔룰박게
항오시며
복통이비록긴호오시나경동치마오시며힘주오
시고일즉마오셔기두리시고굣연힘주오시거
복통이호호긴호오시나사롬을붓도오시고완완
이힝보호오시고만일곳호오실씨져오시겠든
사롬의게의지항여더시고져기두리오신후씨
붓노려힝보호오시며
가이허리룰구루리오시거나안곳오시거나눕겨
오시거나침유항시지마오시며
복통이안이지오실씨에눈좌와룰임의로항오시

유지되도록 살폈다. 시끄러운 소리나 급히 걷는 소리가 나지 않게 하고, 문과 창문을 닫아 조용히 때를 기다리게 했다. 또 방 안은 공기를 잘 통하게 해서 더운 기운이 생기지 않게 했다. 만약 한여름에 출산하게 되면 깊고 고요한 집 안쪽의 햇빛이 잘 들지 않는 곳에 거처하게 하고 창문도 열고 맑은 물도 많이 떠놓아 열기를 막았다.

임신부 역시 옷을 알맞게 입어 몸이 너무 덥거나 서늘하지 않게 했다. 임신부 옆에는 나이가 많고 지식이 풍부하며 성품이 조심스러운 여성 서너 명을 두어 좌우에서 붙잡아 모시게 했다. 또 복통이 심하더라도 반드시 움직이게 했다. 사람을 붙잡고 천천히 걷되, 만일 피곤하면 다른 사람에게 의지해 서고, 조금 쉰 후에는 다시 부축을 받아 걸으라고 했다. 허리를 구부리지 말고 눕거나 낮잠을 자지 않는 것이 좋다고 했다.

해산하는 달에는 소화가 잘 되지 않는 음식을 조심하게 했다. 예컨대 굳은 밥이나 차지거나 마른 떡과 같은 음식, 육포나 말린 어물, 기름진 음식이나 지짐이 등은 먹지 않게 했다. 복통이 없을 때는 자주 미역국에 쌀밥을 권했다. 만일 가슴이 답답하면 백청(빛깔이 희고 품질 좋은 꿀) 한두 숟가락을 따뜻한 물에 타서 마시게 했다. 복통이 심할 때도 미역국과 쌀밥을 자주 섭취해 원기를 도와야 한다고 했다. 그리고 목이 마르면 물보다는 맑은 미음을 먹게 했다.

출산이 임박해 진통이 심해지더라도 힘써 마음을 편히 하고 두려워하지 말라고 권유했다. 그러면서 "복통이 비록 심하더라도 가벼이 행동하지 마시고, 힘줌을 일찍 마시어 기다리시고, 자연스레 힘주게 되거든 의도적으로 힘을 주시며" 하고 알려주었다.

이처럼 《임산예지법》의 내용을 보면 간단하면서도 명료해 출산을 앞두고 수시로 보면서 중요 사항을 숙지할 수 있었다. 출산을 전후해 몸과 마음을 안정시키는 데 큰 도움이 됐을 것이다. 무엇보다도 방 안 공기를 덥게 하지 말고 자주 몸을 움직이면서 원기를 보양할 수 있는 밥과 미역국 섭취를 강조한 것이 인상적이다.

태교 방법

임신 전부터 조심하기

태교는 태아를 품은 어머니의 마음과 몸 상태가 태아에게 그대로 전달된다는 '감응(感應)'에 기초한다. 그래서 태교를 거론할 때마다 임신부의 조심 또 조심을 강조했다. 임신부의 마음, 행동이 모두 태교가 되기 때문이다. 이를 여러 문헌에서는 '삼감(謹)'이라고 표현했다.

《태교신기》의 저자 이사주당은 "배 속의 자식과 어머니는 혈맥이 붙어 이어져 있어 숨 쉼에 따라 움직이므로 그 기쁘고 성내는 것이 자식의 성품이 되며, 보고 듣는 것이 자식의 기운이 되며, 마시고 먹는 것이 자식의 살이 되므로 어머니 된 사람이 어찌 삼가지 않으리오"라고 했다. 그러면서 "어찌 열 달의 수고를 꺼려해 그 자식을 못나게 하고 스스로 소인의 어머니가 되겠는가, 어찌 열 달 공부를 힘써 행하야 그 자식을 어질게 하고 스스로 군자의 어미 되지 않겠는가"라고도 했다.

태교는 삼감의 차원에서 보면 임신하기 이전부터 시작된다. 교육이란 어느 시점부터 갑작스레 시작하는 것이 아니며, 평소 부모의 마음 자세와 태도가 그대로 아이에게 반영된다고 보았기 때문이다. 그래서 각종 의서에서는 임신하기 위한 과정부터 조심하게 했다.《동의보감》에서는 부부가 합방하는 날로 적당치 않은 때를 제시하면서 이를 지키면 현명한 아이가 태어나 집안이 융성해진다고 했다.

부부가 합방을 피해야 하는 날은 병일(丙日)과 정일(丁日),[13] 음력 보름과 그믐, 초하루, 바람이 심하고, 비가 많이 오며, 안개가 자욱하게 끼고, 몹시 춥거나 어두운 날, 번개가 번쩍거리고 벼락이 치는 날, 일식과 월식이 있는 날, 무지개가 설 때와 지진이 있는 날이다. 또 해와 달, 별, 불빛 아래나 사당, 절, 우물, 부엌, 뒷간, 무덤이나 송장 옆에서 합방하는 것도 좋지 않다고 경계했다.

얼핏 황당해 보이기도 하지만, 잘 들여다보면 정상적인 환경과 장소에서 아이를 잉태해야 한다는 지적이다. 그래서 날씨가 나쁘거나 방이 아닌 장소에서 동침하여 임신을 하면 바보나 벙어리, 귀머거리, 절름발이, 장님이 되거나 또는 병이 많아 오래 살지 못하고, 착하지 못한 자식이 생길 수 있다고 경고했다. 반대로 이런 것을 잘 지키면 덕이 있어서 현명한 인물이 태어나며, 성품과 행실이 온순하고 단정해서 집안이 날로 융성할 것이라고 했다.

임신한 뒤에는 임신부와 태아의 건강을 위해 여러 가지를 조심하라고 했다. 임신부의 행동이나 음식, 약물 섭취, 마음가짐이 전부 태교의 범주에 속하며, 게다가 임신부의 주변 사람도 임신부를 도와 함께 조심해야 한다고 했다. 그리고 나이가 어려 기운이 약한 여성과 나이가 들어 혈기가 부족한 여성은 경솔하게 행동하지 않아도 태(胎)가 흔들리기 쉬우니 더 조심해야 한다고 했다.

온 집안사람이 참여하는 태교

이사주당은 태교를 실천할 때 온 집안사람의 참여를 귀하게 여겼다. 그녀는 임신부뿐 아니라 남편을 포함한 온 집안사람이 함께 참여할 때 비로소 태교가 가능하다고 보았다. 임신부는 남편이나 다른 가족과 함께 생활하므로 사실 이들의 참여 없이는 태교가 불가능했다.

먼저 남편의 실천이 제일 중요하다. 이사주당은 "아비의 낳음과 어미의 기름과 스승의 가르침이 모두 한가지"라고 했다. 그래서 의례를 갖추어 부부가 됐으면 서로 공경과 예의로 대하고, 집안의 은밀한 곳에서도 서로 입에 담지 못할 말을 하지 말아야 한다. 부인이 머무는 안방이 아니라면 들어가지 말아야 하고, 몸에 병이 있거나 상복을 입었거나 기후가 나쁘거나 음양이 고르지 않거든 동침하지 말라고 했다.

그리하여 이사주당은 "스승의 10년 가르침이 어미가 잉태해 열 달 기름만 같지 못하고, 어미의 열 달 기름이 아비가 하루 낳는 것만 같지 못하다"[14]라면서 아버지 될 사람의 욕망 억제와 근신(謹身)을 환기했다.

그다음으로 주변의 다른 가족도 함께 태교에 참여해야 한다. 이사주당은 임신부가 마음의 평정을 잃지 않도록 가족은 늘 분한 일, 흉한 일, 놀랄 만한 일을 임신부에게 알리지 말라고 당부했다. 임신부가 화를 내면 아이의 피가 병들고, 두려워하면 아이의 정신이 병들고, 놀라면 아이에게 나쁜 병이 들기 때문이다. 즉 주변 사람은 임신부가 지나치게 희로애락을 느껴서 감정의 소용돌이를 겪지 않게 도와야 한다. 임신부의 곁에 늘 선한 사람을 두어 거동을 돕고, 본받아야 하는 말과 일을 끊임없이 들려주어 게으르고 나쁜 마음이 일어나지 않도록 해야 한다.[15]

이처럼 태교의 기본은 임신부를 둔 집안사람 모두의 합심과 공동 참여라 할 수 있다. 이것은 이사주당이 제안한 태교의 방식으로, 태교가 임신부만의 일이라는 편견을 깨고 부부와 가족이 공동

으로 참여해야 하는 임무임을 말해준다. 그녀의 제안은 오늘날에
도 반드시 경청해야 할 방식이다.

보고 듣고 말하고 거처하는 곳 잘 가리기

《의방유취》에서는 태교에 대해 "옛사람이 임신 중 태교하는 방법
을 만들었는데, 그렇게 낳은 아이가 착하고 오래 살며 충실하고 부
모를 잘 모시며 어질고 의리가 있으며 총명하고 병이 없다"[16]라고
설명한다. 그래서 임신부가 열 달 동안 늘 좋은 환경에서 좋은 것
만 보며 간사하고 나쁜 것을 멀리하는 것은 진정 태아에게 좋은 영
향을 주기 위한 일이라고 했다.

　《의방유취》에서 제시했듯이 태교를 위한 최상의 방법은 임신한
여성이 좋은 것만 가까이하고 나쁜 것은 멀리하는 것이다. 앞서 소
개한《열녀전》에서 '아이를 잉태하면 모로 눕지 않고, 모서리나 자
리 끝에 앉지 않으며, 외다리로 서지 않고, 거친 음식을 먹지 않는
다. 자른 것이 바르지 않으면 먹지 않고, 자리가 바르지 않으면 앉
지 않는다. 현란한 것은 보지 않고, 음란한 음악은 듣지 않는다'고
한 것도 잘 들여다보면 임신부에게 좋은 것만 취하게 하고 나쁜 것
은 멀리하게 하려는 의도다.

　각종 의서나 태교서는 태교를 해야 하는 중요한 시점으로 임신

3개월째를 꼽는다. 이때 비로소 태아의 형상이 갖춰지므로 임신부가 본 대로, 들은 대로, 음식물을 섭취하는 대로 태아의 모습과 성격에 영향을 미친다고 보았기 때문이다.

이사주당은 《태교신기》에서 태교의 기본 지침으로 보는 것 삼가기, 듣는 것 삼가기, 마음가짐, 좋은 말투, 거처 잘 고르기를 꼽았다. 이사주당이 '온 집안사람의 참여' 다음에 다섯 가지 사항을 배치한 것을 보면 이대로 잘 시행하라고 권장한 것으로 보인다.

첫째, 보는 것을 조심해야 한다. 귀한 사람이나 좋은 사람, 둥글고 흰 옥(玉), 공작, 빛나는 아름다운 물건, 신선 그림 등을 반드시 보라고 했다. 하지만 광대, 원숭이, 희롱하거나 다투는 모습, 형벌, 죽이며 해롭게 하는 일, 몹쓸 병이 있는 사람, 무지개, 벼락, 번개, 일식, 월식, 별이 떨어지는 것 등은 보지 말라고 했다.

둘째, 듣는 것을 조심해야 한다. 좋은 글을 외우고, 옛 책 속의 글을 말하고, 거문고나 비파 소리를 들으라고 했다. 하지만 음란한 굿이나 풍류, 저잣거리에서 시끄럽게 떠드는 소리, 술주정하는 소리, 분해서 욕설하는 소리, 서러운 울음소리 등은 듣지 말라고 했다. 또 하인에게 바깥에서 떠도는 근거 없는 말을 전하지 못하게 했다.

셋째, 마음자세도 중요하게 여겼다. 임신부의 마음이 바르지 못하면 자식도 바르지 못하므로 늘 공경하는 마음을 가지라고 했다.

행여 사람을 해친다거나 산 것을 죽일 마음을 먹지 말며, 간사함·탐욕스러움·도적질·시새움 등의 생각이 마음에 싹트지 않게 조심하라고 했다.

넷째, 말씨도 중요하다. 분해도 모진 소리를 하지 말고, 화가 나도 몹쓸 말을 하지 말며, 말할 때는 손짓을 하지 말고, 웃을 때는 잇몸을 보이지 말며, 희롱하는 말도 하지 말게 했다. 부리는 하인을 꾸짖지 말고, 닭이나 개 따위에도 야단하지 말며, 사람을 속이지 말고, 사람의 일을 훼방 놓지 말며, 귓속말을 하지 말고, 근거 없는 말을 남에게 전달하지 말며, 당하지도 않은 일을 말하지 말고, 말을 많이 하지 말라고 했다.

다섯째, 거처를 잘 고르는 일이다. 임신한 여성의 거처는 태아를 위험에 빠뜨리지 않고 잘 기르기 위해 중요한 요소로 여겨졌다. 이사주당은 항상 맑은 마음을 갖고 고요히 거처하면서 심신의 상태를 온화하게 유지하라고 했다.

임신 이후에는 부부가 함께 자지 말고, 찬 곳이나 더러운 곳에 앉지 말며, 높은 곳에 있는 화장실에 가지 말고, 밤에 문밖에 나가지 말며, 바람 불고 비 오는 날 나가지 말고, 산과 들에 나가지 말며, 우물이나 무덤을 엿보지 말고, 옛 사당에 들어가지 말며, 높은 곳이나 깊은 곳에 가지 말고, 험한 곳을 건너지 말라고 했다.

임신 중 주의 사항

임신한 여성은 일상생활을 할 때 여러 가지를 주의해야 한다. 이 빙허각은 그 이유를 "비록 태가 떨어지지는 않아도 아기의 모양이 이지러지고 빛이 푸르며 상처를 입고 구멍이 막혀서 혹 일찍 죽으니, 그 징험이 손을 뒤집는 것과 같으므로 경계해야 한다"[17]라고 했다.

먼저 각종 문헌에서 공통으로 권하는 것은 '많이 자거나 오래 누워 있지 말고 때때로 걸으라'는 것이다. 19세기 초반 의서로 알려진 《의본(醫本)》에는 "게으른 여자에게 난산이 많고, 고생한 여자는 아이를 쉽게 낳는다"[18]라는 말이 나온다. 평소 운동을 하지 않고 몸을 오그리고 옆으로 누워 있기만 하면 태아가 돌지 못해서 출산이 힘들어진다는 것이다. 곧 부지런히 몸을 움직이는 것이 임신부와 태아 모두에게 좋다는 의미다. 그리고 아이를 낳는 것은 정해진 때가 있으므로 기다려야 하며, 함부로 분만을 촉진하는 약을 복용하지 말라고 했다.

그렇다고 몸에 무리가 갈 만큼 일을 해서는 절대 안 된다. 《태교신기》에서 이사주당은 일을 맡길 사람이 없더라도 할 만한 일을 가려서 해야지, 직접 누에를 치거나 베틀에 올라서는 안 된다고 당부했다. 또 이사주당은 집안일이라도 행여 임신부를 다치게 할 수도 있는 일은 하지 말라고 했다.

바느질을 반드시 삼가서 바늘로 손을 상하게 하지 말며, 반찬 만드는 일을 반드시 삼가서 그릇이 떨어져 깨지게 하지 말며, 물과 국물 찬 것에 손을 대지 말며, 날카로운 칼을 쓰지 말며, 살아 있는 것을 칼로 베지 말며, 자르기를 반드시 네모가 바르게 할 것이니, 이것이 임신부의 할 일이다.

이사주당은 집안일을 하다가 생기는 크고 작은 상처가 임신부의 몸을 상하게 하고, 결과적으로 태아의 건강을 해칠 수 있다고 여겼다.

여러 의서에 공통으로 나오는 임신부가 조심해야 할 점을 종합하면 다음과 같다.

- 오래 누워 있지 말고 종종 걷는다.
- 부부 합방을 반드시 삼간다.
- 임신부는 반드시 방에서 잠을 자고, 한데서 자는 일이 없어야 한다.
- 임신한 뒤에는 태살(胎殺) 있는 것을 피한다.
- 집이나 건물 등을 짓는 것을 보지 않으며, 집 안을 손보거나 고치는 것을 피한다. 칼에 다치면 아이의 모습에 상처가 생기고, 흙을 만지

면 아이가 구멍이 막혀서 태어나고, 부딪히면 아이의 빛이 검푸르게 되고, 동여매면 아이의 몸이 오그라지기 때문이다.

- 옷을 너무 덥게 입지 않는다.
- 밥을 너무 배부르게 먹지 않는다.
- 술에 많이 취하지 않는다.
- 약을 함부로 먹지 않으며, 함부로 침을 맞거나 뜸을 뜨지 않는다.
- 험한 길을 걷거나 무거운 것을 들고 높은 데를 오르지 않는다.
- 높은 곳에 있는 뒷간에 가지 않는다.
- 아이 낳을 달에 머리를 감지 않는다.
- 출산이 임박하면 싸우지 말고, 밥이나 죽을 먹지 않으면서 아이가 나올 징후를 기다린다.

여기서 '태살'은 태에 좋지 않은 기운을 주는 것을 말한다. 이빙허각은 《규합총서》에서 매달 태살 있는 장소를 기록해두었다. 예컨대 1월에는 방과 침상, 2월에는 창문과 지게문, 3월에는 문과 당(堂), 4월에는 부엌에 태살이 있다고 했다. 또 간지로 날짜를 따질 때 갑(甲)과 기(己)가 들어간 날은 문에 태살이 있고, 을(乙)과 경(庚)이 들어간 날은 방아와 맷돌에 태살이 있다고 했다. 이렇게 따져서 매달, 매일 태살 있는 곳을 피하는 것이 좋다는 의미다.

이런 내용에 더해 이사주당은 《태교신기》에서 임신부가 주의할 사항을 더 밝혀놓았다. 첫째, 앉아 있을 때의 주의 사항이다. 기울여 앉지 말고, 바람벽에 기대지 말며, 두 다리를 뻗고 앉지 말고, 걸터앉지 말며, 마루 끝에 앉지 말라고 했다. 또 높은 곳의 물건을 내리지 말고, 서서 땅에 있는 물건을 집지 말며, 왼쪽(오른쪽)에 있는 물건을 오른손(왼손)으로 집지 말고, 어깨까지 움직여 돌아보지 말라고 했다.

둘째, 서거나 다닐 때의 주의 사항이다. 한쪽 발에 힘을 주지 말고, 기둥을 의지하지 말며, 위태로운 곳을 밟지 말고, 샛길로 다니지 말며, 오를 때는 반드시 일어난 다음에 올라가고 내려갈 때는 앉은 다음에 내려가며, 급히 달리지 말고, 뛰어넘지 말라고 했다.

셋째, 자거나 누워 있을 때의 주의 사항이다. 엎드리지 말고, 굳은 자세로 있지 말며, 몸을 굽히지 말고, 문틈 쪽으로 눕지 말며, 꼭 이불을 덮고, 더위나 추위가 심한 날 낮잠을 자지 말며, 배불리 먹거나 많이 자지 말라고 했다. 달수가 차거든 옷을 쌓아 옆에 괴고, 자는 동안 왼쪽과 오른쪽으로 번갈아가며 움직이라고 했다.

한편 숙종 대의 학자 신만이 가난한 백성을 위해 펴낸 의서《주촌신방(舟村新方)》에는 누구나 손쉽게 처치할 수 있는 간단한 구급방이나 민간 처방법이 많이 기록돼 있다. 그런 이유로 한국적 경험의학의 대표작으로 손꼽힌다.[19] 연활자본과 필사본이 있는데, 내용이 다른 부분이 많다. 여기서는 연활자본에서 몇 가지 내용을 소개하고자 한다.

신만은 임신한 부인에게 집이나 건물을 짓는 일 등을 보지 못하게 했다. 머리와 발을 씻는 것도 금지했는데, 만약 머리나 발을 씻으면 언청이를 낳게 된다고 했다. 출산할 달에는 절대로 온돌 바닥을 닦거나 부엌을 청소하지 못하게 했다. 산후 금기도 있는데, 출산 뒤 3일 동안 집 안에서 못을 박아서는 안 된다. 아이의 눈이 상할 수 있기 때문이다. 그리고 출산 뒤 7일 동안은 산모에게 사람이 죽거나 상서롭지 않은 소식을 알려서는 안 된다고 했다.[20]

태교 음식

태교에 좋은 음식

《열녀전》에서는 태교를 잘하려면 거칠거나 바르게 자르지 않은 음식은 먹지 말아야 한다고 했다. 고려 말 정몽주의 어머니 이씨 부인은 "모든 음식물에 항상 주의를 게을리 하지 말고, 식사 때는 부정한 음식을 취하지 마라"라고 하여 바른 음식물 섭취를 강조했다.

《태산요록》에서는 "임신부가 음식을 가려 먹는 것은 그 기미(氣味)에 근거해 오장(五臟)을 생성하기 때문이니, 하나라도 갖추어지지 않으면 번번이 병이 생긴다. 비유하면, 질그릇을 구워 도자기를 만들 때 물과 불의 조절이 잘못되면 그릇이 찌그러지는 것과 같으니, 어찌 좋은 장인이라 말할 수 있겠는가"[21]라고 했다.

사실 각종 태교서나 의서에는 태교에 좋은 음식보다 임신 중 삼가야 하는 음식이나 부작용에 대한 내용이 더 많이 실려 있다. 이것은 마치 약물 금기처럼 '음식 금기'를 강조해 우선적으로 임신부와 태아를 보호하려는 의도였을 것이다. 태아에게 좋지 않은 음식이 무엇인지 일깨우는 일이 태아에게 좋은 음식보다 더 시급하기 때문이었다.

때로는 태교에 좋은 음식을 기술하기도 했다. 이사주당은《태교신기》에서 잉어를 먹으면 자식이 슬기로워지고, 소의 콩팥과 보리를 먹으면 기운이 세지고, 해삼을 먹으면 총명해진다고 했다. 출산 후에는 새우와 미역을 먹으라고 권했다.

신만은《주촌신방》에서 대추를 권했다. 임신부가 허약해서 임신 6~7개월에 들어 잡병이 생기면 매일 대추 세 개를 종이에 싸서 불에 구워 복용하라고 했는데, 그러면 출산이 순조로워진다고 했다. 만삭일 때도 시험해보니 효과가 좋았다고 한다.

태교에 나쁜 음식

《태산요록》에서는 "임신 중 먹어서는 안 되는 음식은 절대 먹지 말아야 한다. 만약 가려야 할 것을 삼가지 않으면 출산 날짜가 늦어지고 난산에 이르게 될 뿐만 아니라, 태아의 몸이 상하거나 임신부가 사망할 수도 있으니 어찌 삼가지 않겠는가"[22]라고 했다.

임신 중 먹지 말아야 할 음식에 대해서는 여러 태교 관련 기록이나 의서의 내용이 서로 유사하다. 그러므로 종합적으로 정리된 《태교신기》의 내용을 소개하고자 한다. 《태교신기》의 내용은 이빙허각의 《규합총서》에 거의 그대로 실렸다.[23] 이사주당은 임신한 뒤에는 모양이 바르지 않거나 벌레 먹고 썩은 과일은 먹지 말라고 했다. 참외, 수박, 푸성귀, 찬 음식, 쉰 음식, 상한 생선이나 고기, 빛깔이 좋지 않은 음식, 냄새가 좋지 않은 음식, 잘못 삶은 음식, 제철이 아닌 음식 등도 먹지 말라고 했다. 또 고기반찬이 많아도 밥 기운을 이겨서는 안 된다고 했다.

술을 마시면 100가지 혈맥이 풀리므로 술은 마시지 말고, 나귀고기나 말고기, 비늘 없는 물고기는 해산을 어렵게 하니 먹어서는 안 된다고 했다. 그 밖에 엿기름과 마늘은 태를 삭이고, 비름이나 메밀, 율무는 태를 떨어뜨리며, 참마와 복숭아는 자식이 마땅찮게 되므로 금하라고 했다.

한편 개고기는 아이가 소리를 내지 못하게 하고, 토끼고기는 언청이로 만들고, 방게는 아이를 가로로 나오게 하고, 양의 간은 병치레를 잦게 하고, 닭고기나 달걀은 찹쌀과 함께 먹을 경우 출산 후 아이에게 촌백충이 생기게 하며, 오리고기와 오리 알은 아이를 거꾸로 나오게 하고, 참새고기는 아이를 음란하게 하며, 생강은 아이를 육손이로 만들고, 메기는 감창(疳瘡)이 잘 나게 하며, 산양고

문헌에 기록된 임신 중 금기 음식

책 이름	임신 중 금기 음식
언해태산집요	말고기, 당나귀고기, 개고기, 토끼고기, 양의 간, 새 고기, 자라고기, 달걀, 오리 알, 비늘 없는 물고기, 게, 생강, 엄파, 마늘, 율무, 보리 기름, 비름, 복숭아씨, 마른 생강, 후추
동의보감	당나귀고기, 말고기, 개고기, 토끼고기, 비늘 없는 물고기, 방게, 양의 간, 닭고기와 달걀을 찹쌀과 함께 먹는 것, 오리고기나 그 알, 참새고기, 자라고기, 생강 싹, 율무, 맥아, 비름나물, 마늘, 메기, 산양고기, 각종 버섯
태교신기	술, 나귀고기, 말고기, 비늘 없는 물고기, 엿기름, 마늘, 비름, 메밀, 율무, 참마, 복숭아, 개고기, 토끼고기, 방게, 양의 간, 닭고기나 달걀을 찹쌀과 함께 먹는 것, 오리고기와 오리 알, 참새고기, 생강, 메기, 산양고기, 버섯
규합총서	말고기, 개고기, 토끼고기, 비늘 없는 물고기, 방게, 양의 간, 닭고기와 달걀을 찹쌀과 함께 먹는 것, 오리고기와 오리 알, 새고기와 술, 자라고기, 생강 싹, 율무, 엿기름, 메기, 산양고기, 비름나물, 버섯

기는 병치레를 많게 하고, 버섯은 잘 놀라게 하여 경풍을 일으키고 쉽게 죽게 만들 수 있으니 임신부는 이런 음식을 먹지 말라고 경고했다.

한편 조리할 때는 계피와 마른 생강으로 양념을 하지 말고, 노루고기 등으로는 지짐이를 하지 말라고 주의를 주었다.

임신 중 금기 음식은 《의학입문》이나 《부인대전양방》 등에 근거한 것이다. 그런데 그 이유를 보면 태교의 원리인 '감응'에 따른 금기여서 주목된다. 예컨대 자라고기를 먹으면 아이의 목이 움츠러들고 생강을 먹으면 육손이 되고 방게를 먹으면 아이가 옆으로 나온다는 지적은 자라, 생강, 방게의 모양새에서 기인한다. 버섯은 독성을 우려한 금기로 보인다.

시대가 한참 내려와 1924년 이용기가 《조선무쌍신식요리제법(朝鮮無雙新式料理製法)》을 펴냈다. 19세기 학자 서유구가 지은 《임원십육지》 중에서 음식 관련 부분인 〈정조지(鼎俎志)〉를 참고하여 만든 요리책으로, 서양과 중국 그리고 일본 요리법까지 들어 있다. '무쌍'이란 세상에 견줄 만한 짝이 없을 정도로 뛰어나다는 뜻으로, 책 제목은 한국 제일의 신식 요리책이라는 의미다.

이 책에는 〈아이를 가진 사람이 못 먹는 것〉이라는 제목으로 임신한 여성이 먹지 말아야 할 음식 열세 가지를 꼽았다. 감포, 사향, 석류, 비자, 복숭아, 오매, 살구, 자두, 나무순, 생파, 버섯, 게, 잉어이며, 그 밖에 모든 찬 음식을 먹지 말라고 했다.[24] 사향(麝香)은 향료이며, 비자(榧子)는 비자나무 열매로 구충제로 쓰였다.

종합해보면 조선시대의 태교 방법은 하늘의 섭리와 자연의 이치에 순응하려는 사람들의 노력을 강조하는 것이었다. 그들은 태교를 할 때 온 집안사람이 참여하는 가운데 임신부가 보고 듣고 말하고 먹고 거처하는 것을 가려야 한다고 했다. 오늘날 시선으로 보면 근거 없어 보이는 내용도 있다. 또 그들 스스로 의서에 실린 태교의 내용 중 믿을 만하지 못한 부분이 있다는 언급도 했다. 그럼에도 경청하고 유의해야 사실은 태교가 임신부와 태아의 건강과 안전한 출산을 위한 염원에서 축적된 오랜 지혜라는 점이다.

나가는 말

태교의 가치,

어떻게 계승할 것인가

1

—

한국에서 태교가 꽃핀 시기는 조선시대다. 태교는 양반가를 중심으로 퍼져 나간 권장 사항이었다가 어느 순간 조선 사회 전체에 흐르는 광범위한 경향으로 변모했다. 개인의 선택일 뿐, 하지 않아도 그만인 태교를 사람들은 여러 가지 이유로 실천했다.

사실 출산을 한 번이라도 해본 여성이라면 유사한 경험을 하지 않았을까. 임신 초기에는 아이가 태 안에서 잘 자리 잡기를 원했다가, 안정기에 접어들면 영특하고 어여쁜 아이가 태어났으면 좋겠다는 소망을 갖게 된다. 하지만 출산이 임박하면 다시 소망은 딱 하나! 건강한 아이의 탄생이다. 다른 것은 다 필요 없고, 오로지 건강한 아이로 무탈하게 세상에 나오기만을 원할 뿐이다.

지금도 이럴진대, 오늘날과 달리 유아 사망률이 높던 조선 시대에는 건강한 아이를 낳고자 하는 염원이 더 컸다. 건강한 아이의 출산은 국가 생존과 직결된 사안이자 집안의 흥망성쇠를 결정하는 중대사였기 때문이다.

세종 대에 편찬된 의학서인 《의방유취》에서는 태교의 목적을 이렇게 설명한다. "옛날 사람이 임신 중 태교하는 방법을 만들어 아이가 착하고 오래 살며 충실하고 부모를 잘 모시며 어질고 의리가 있으며 총명하고 병이 없게 하도록 했다."

그래서 열 달 동안 늘 좋은 환경에서 좋은 것만 보며 간사하고 괴벽한 것을 멀리하는 것이 진정 태아에게 좋은 영향을 준다고 여겼다. 이렇듯 태교에는 착하고 건강한 아이가 탄생하여 오래오래 살면서 가족과 사회를 위해 기여하는 구성원이 됐으면 하는 바람이 담겨 있었다.

2
—

조선에서 태교란 그저 단순한 태중 교육이 아니었다. 조선시대 사람은 부모의 기질과 자연환경의 차이로 자식이 부모를 닮지 않을 수도 있음을 인정했다. 그래서 오히려 그 품성을 사람의 노력으로 변화시킬 수 있다고 여겼다. 그것이 태교였다.

태교란 인간의 희로애락과 자연의 원리를 잘 파악해 세상살이와 하늘의 기운을 조화롭게 하기 위한 인간의 노력이다. 천지의 기운과 자연환경을 탓하지 않고 진심으로 노력을 다하면 좋은 천지의 기운이 왔을 때 그것을 놓치지 않고 현명한 자손을 낳을 수 있다고 여긴 것이다. 그래서 태교는 자연과 인간의 조화로운 접점을 찾는 생명관이라고도 할 수 있다.

조선시대에는 무엇보다도 태교를 자식 교육만으로 한정하지 않았다. 각종 의서에는 태교에서 한걸음 나아가 태중 교육을 위해 임신하기 전부터 부부가 어떤 마음가짐과 몸가짐을 가져야 하는지 기록돼 있다. 교육이란 어느 시점부터 갑자기 이뤄지는 행위가 아니라고 보았기 때문이다.

부모는 자녀를 갖기 전에 미리 만반의 준비를 해야 했다. 드러내지 않고 공덕을 쌓고 순수한 본성을 되찾으려 노력한 다음에야 하늘의 뜻을 구하는 마음으로 자식을 기다렸다. 태교의 첫걸음은 바로 이렇게 부모 될 사람이 마음과 행실을 바르게 닦아 수행하면서 음덕을 쌓는 일이었다. 부모는 자식의 거울이라는 말을 이미 자식을 갖기 전부터 적용했던 것이다. 그러므로 태교는 부모 될 사람의 선한 도덕적 영향력을 높이는 일이었다. 오늘날 관점으로 보면 태교는 태중 교육을 넘어서 부모와 자녀가 모두 공덕을 쌓는 인간성 지키기 또는 인간성 회복의 실천이었다.

3

온고지신(溫故知新). 옛것을 익혀서 새로운 것을 안다는 의미다. 오늘날 태교는 과거의 방식만 고집하다 보면 여성의 실천만을 권장하는 낡은 전통에 불과하다. 태교가 낡은 관습에 머물지 않으려면 태교의 중심이 개인에서 사회와 국가로 이동해야 한다.

개인주의가 팽배한 황폐한 사회를 건강한 생명이 숨 쉬는 곳으로 변화시키려면, 우리 모두가 안전한 사회에서 더불어 잘 살려면 여성만 태교해서는 안 된다. 그런 시대는 이미 지났다. 그런 의미에서 태교는 임신부와 그 가족만이 하는 교육에서 벗어나야 한다. 사회 전체가 임신한 여성을 위해 실천해야 하는 모든 배려와 존중이 태교여야 한다. 버스나 지하철에서는 임신부에게 자리를 양보하고, 직장에서는 임신부가 쉴 수 있는 공간을 마련해주는 것, 출산 후 안전하게 아이를 맡길 수 있는 시설을 확충하면서 아이의 양육에 진심 어린 관심을 갖는 것, 이 모든 것이 태교다.

태교는 모성 보호이며, 생명 존중의 실천이다. 그러므로 태교는 우리 사회가 한 생명에게 보여주는 고귀한 태도이자 배려라고 할 수 있다. 잘난 아이를 낳기 위한 헛된 노력이 아니라, 유구한 삶의 역사적 결정체이자 지혜다. 생명의 고귀함을 인정하면서 그 생명이 안전하게 세상에 나올 수 있도록 사회 구성원 모두가 노력하는 것이 태교여야 한다.

그래서 이제 태교를 개인과 가족에서 이웃, 나아가 지역과 국가 차원에 이르기까지 모든 사람과 함께하는 사회운동이라고 정의하고자 한다. 그래야만 태교가 낡은 전통이 아니라, 미래를 향한 의미 있는 전통이 될 수 있다. 임신부와 태아의 건강 및 안전을 위해 이제 태교는 개인의 실천에서 공동체의 가치로 전화할 때가 왔다. 그리고 우리 모두의 관심과 실천만이 남아 있다.

4

이 책이 나오기까지 여러 곳에서 도움을 받았다. 원고 작업을 시작할 수 있도록 2012년에 연구 논문을 지원해준 아모레퍼시픽재단에 감사드린다. 경희대학교 한의과대학 의사학교실 한지원 선생은 이 책의 주제에 대해 용기를 주었을 뿐만 아니라, 전통 의학 관련 자료에 대해서도 큰 도움을 주었다. 진심으로 고마운 마음뿐이다.

이 원고는 출판 기회를 좀처럼 얻기 어려웠는데, 한국출판문화산업진흥원의 지원으로 세상에 빛을 보게 됐다. 감사드린다. 내가 가는 길을 늘 응원해주는 가족에게도 고마운 마음을 전하고 싶다.

*이 책의 일부 연구는 2012년도 아모레퍼시픽재단의 학술연구비(논문) 지원을 받아서 수행되었음.

주

조선시대에는 태아를 어떻게 인식했을까

1   류중림,《증보산림경제》, 가정 하, 구사(求嗣).

2   《향약집성방》권57, 구사문(求嗣門), 진무택구자론(陳無擇求子論).《향약집성방》의
    원문과 번역문은 한의학고전DB(www.mediclassics.kr)를 참조했다.

3   소혜왕후 한씨,《내훈》, 모의(母儀).

4   허준,《동의보감》권하, 잡병 권10, 구사(求嗣). "生人之道, 始於求子."

5   류희춘,《미암일기(眉巖日記)》, 1568년 10월 25일.

6   제임스 리·왕평, 손병규·김경호 역,《인류 사분의 일: 멜서스의 신화와 중국의 현실,
    1700~2000년》, 성균관대학교 출판부, 2012, 86쪽.

7   참고로 "産男則相賀, 産女則殺之"에서 '살(殺)' 자를 죽인다고 해석하기도 한다.

8   안지추, 김종완 역,《안씨가훈》, 푸른역사, 2007, 94쪽.

9   카트린 롤레·마리 프랑스 모렐, 나은주 역,《출산과 육아의 풍속사》, 사람과 사람,
    2002, 32쪽.

10 이문건, 이상주 역주,《양아록(養兒錄)》, 태학사, 2000, 136쪽.

11 이문건, 이상주 역주, 위의 책, 18쪽.

12 이문건, 이상주 역주, 위의 책, 23~24쪽.

13 이문건,《묵재일기》, 1554년 10월 15일.

14 백두현,《현풍곽씨언간 주해》, 태학사, 2003, 198~205쪽.

15   류중림,《증보산림경제》권11, 가정(家庭) 상, 치첩(置妾).

16   이덕무,《사소절(士小節)》권6, 부의(婦儀) 1, 성행(性行).

17   최한기,《기측체의》, 신기통 권3, 생통, 부첩위산육(妻妾爲產育). "一妻而不得產育, 不
      可不娶妾, 以求產育."

18   서신혜,〈김훈의 아내 '신천강씨'라는 한 여성의 삶 재구〉,《동양고전연구》60, 2015,
      31쪽.

19   조항범,《주해 순천김씨묘출토간찰》, 태학사, 1998.

20   황위주·김성윤·김혁·박희진·손계영·손숙경·오용원·이장희·채휘균·최은주,〈아들
      못 낳는 죄, 참고 또 참고〉,《고문서로 읽는 영남의 미시세계》, 경북대학교 출판부,
      2009, 113쪽.

21   허준,《동의보감》잡병 권10, "婦人, 十月養胎".

22   이능화는 한국학 연구에 뛰어난 업적을 남겼지만 일제강점기 친일 단체의 위원으로
      활동한 인물이다. 또 일제로부터 대례기념장, 서보장 등의 훈장을 받았다. 현재 친일
      반민족행위자로 규정돼 있다.

23   산상왕과 주통촌 여성에 대해서는 윤상열,〈고구려 왕후 우씨에 대해〉,《역사와 실
      학》32, 2007, 236~241쪽 참조.

24   이능화,《조선여속고》, 제16장 조선부녀산육잡속, 3. 태중점험(胎中占驗) '소위태점
      (所謂胎占)', 1927(이능화, 김상억 옮김,《조선여속고》, 민속원, 1995, 92쪽).

25   이빙허각,《규합총서》권4, 청낭결, 우일방(정양완 역주,《규합총서》, 보진재, 1975, 329
      쪽).

26   허준,《언해태산집요》, 세종대왕기념사업회, 2010, 58~61쪽.

27   류중림,《증보산림경제》권13, 구사.

28   이빙허각,《규합총서》권4, 청낭결, 기과사오삭변남녀법.

29   《향약집성방》권57, 태교문, 응형수품장(凝形殊稟章). "胎化之法, 有所謂轉女爲男者,
      亦皆理之自然, 如食牡鷄, 取陽精之全, 於天產者, 帶雄黃, 取陽精之全, 於地產者, 千
      金方, 轉女爲男, 丹蔘丸, 用東門上雄鷄頭, 又方取雄黃一兩, 絳囊盛帶之, 本草, 丹雄
      鷄, 補虛溫中, 通神殺毒, 其肝補腎, 其冠血益陽, 雄黃人佩之, 鬼神不能近, 毒物不能

傷, 操弓矢, 藉斧斤, 取剛物之見於人事者, 氣類潛通, 造化密移, 必於三月兆形之先, 蓋方儀則未具, 陽可以勝陰, 變女爲男, 理固然也."

30 허준, 《역주 언해태산집요》, 세종대왕기념사업회, 2010, 61~63쪽.

31 장일(張日)은 28수(宿) 중 스물여섯 번째 별자리인 장수(張宿)가 보이는 시점을 말한다. 동짓날 초저녁에 동쪽 지평선 위로 떠오르는 정수(井宿, 스물두 번째 별자리의 별들)를 시작으로 시간이 경과하면서 차례로 동쪽 지평선 위로 귀(鬼)·유(柳)·성(星)·장(張)·익(翼)·진(軫)의 일곱 개 별이 떠오른다.(《한국민족문화대백과》, 한국학중앙연구원)

32 이진태, 《단곡경험방(丹穀經驗方)》, 잡병편 10, 전녀위남법(《국역 단곡경험방》, 한국한의학연구원, 2007).

33 이창우, 《수세비결(壽世秘訣)》 권3, 부인문, 전녀위남법(《국역 수세비결 Ⅱ》, 한국한의학연구원, 2007).

34 류중림, 《증보산림경제》 권13, 구사.

35 이빙허각, 《규합총서》 권4, 청낭결, 364쪽.

36 김봉좌, 〈조선시대 유교 의례 관련 한글 문헌 연구〉, 한국학중앙연구원 한국학대학원 박사학위 논문, 2011, 120~122쪽.

37 《의본(醫本)》, 부인(《국역 의본·별초단방》, 101쪽).

38 홍만선, 《산림경제(山林經濟)》 권1, 섭생(攝生).

39 《의본》, 부인, 교합피기(交合避忌)(《국역 의본·별초단방》, 103쪽).

40 《향약집성방》 권57, 부인과, 태교문, 임신총론(姙娠總論), 전녀위남법.

41 카트린 롤레·마리 프랑스 모렐, 나은주 역, 앞의 책, 33~35쪽.

42 허준, 《동의보감》 권하, 잡병 권10, 구사(求嗣).

43 류중림, 《증보산림경제》, 가정 하, 구사, 상녀법(相女法).

44 이빙허각, 《규합총서》 권5, 술수략, 부인상격.

1 안경식, 《(개정판)한국 전통 아동교육사상》, 학지사, 2011(2쇄), 153쪽. 중국 전통의
   태교론과 역사에 대해서는 219~263쪽에 자세히 실려 있다.

2 가의, 《가자신서》하, 태교 〈잡사(雜事)〉. 여기서 이용한 판본은 가의 찬, 노문초 교
   (校), 《가자신서》, 국학기본총서, 대만상무인서관, 1968이다.

3 안경식, 앞의 책, 222쪽.

4 가의, 박미라 역, 《신서(新書)》, 소명출판, 2007, 3~8쪽(박미라, 〈해제〉). 이 번역본의
   판본은 《신서전역(新書全譯)》(귀저우: 귀주인민출판사, 1998)이며, 《신서교주(新書校
   注)》(베이징: 중화서국, 2000)를 참조했다.

5 정약용, 《경세유표(經世遺表)》, 방례초본인(邦禮艸本引).

6 가의, 박미라 역, 《신서》, 403쪽.

7 가의, 《가자신서》하, 태교 〈잡사〉. "故曰素成, 胎教之道, 書之玉板, 藏之金匱, 置之
   宗廟, 以爲後世戒."

8 《한서(漢書)》〈예문지(藝文志)〉에는 청사를 제자백가의 하나로, 소설 15가(家)의 하
   나로 기록했다. 이 기록에 따르면 "청사자 57권이 있다. 옛날 사관이 일을 기록한 것
   이다(青史子, 五十七卷, 古史官記事也)"라고 했다(《한서》권30, 예문지 10). 곧 '청사'는 역
   사서를 의미한다. 오늘날 한국에서 '청사씨지기(青史氏之記)'에 대한 해석은 "청사씨
   의 〈기〉에 이르기를"과 "옛 역사 기록에 말하기를"의 두 가지가 있다(안경식, 앞의 책,
   222쪽; 가의, 박미라 역, 앞의 책, 405쪽). 나는 "청사씨의 옛 역사 기록"으로 파악했다.

9 가의, 《가자신서》하, 태교 〈잡사〉. "青史氏之記曰, 古者胎教之道, 王後有身, 七月而
   就蔞室, 太史持銅而禦戶左, 太宰持鬥而禦戶右, 太蔔持蓍龜而禦堂下, 諸官皆以其
   職禦於門內, 比三月者, 王後所求聲音非禮樂, 則太師撫樂而稱不習, 所求滋味者非
   正味, 則太宰荷鬥而不敢煎調, 而曰, 不敢以待王太子 (……) 周後妃任成王於身, 立
   而不跂, 坐而不差, 獨處而不倨, 雖怒不罵, 胎教之謂也."

10 김덕삼·이경자 공역, 《중국의 전통 가정교육》, 경인문화사, 2005, 60~61쪽.

11 노사광, 정인재 역, 《중국철학사》한·당편, 탐구당, 1988, 45~46쪽.

12   이세동, 〈'예기'의 '오경' 편입과 그 의의〉, 《중국어문학》 53, 2009, 12쪽.

13   대덕(戴德), 《대대례기(大戴禮記)》, 〈보부(保傅)〉. "胎敎之道. 書之玉板. 藏之金匱. 置
     之宗廟. 以爲後世戒. 靑史氏之記曰. 古者胎敎. 王后腹之. 七月而就宴室. 太史持銅
     而禦戶左. 太宰持鬥而禦戶右. 比及三月者. 王后所求聲音非禮樂. 則太師縕瑟而稱
     不習. 所求滋味者非正味. 則太宰倚鬥而言曰. 不敢以待王太子. (……) 周后妃任成
     王於身. 立而不跂. 坐而不差. 獨處而不倨. 雖怒而不詈. 胎敎之謂也."

14   참고로 《한서》 〈예문지〉에는 《신서》와 《대대례기》에 나오는 태교 내용이 소설 15가
     (家)의 하나로 실려 있다. 이에 대해 20세기 중국학자 루쉰은 "모두 예(禮)에 관한 것
     으로 당시에 어떻게 해서 소설에 편입됐는지는 알 수 없다"라는 의견을 제시했다(루
     쉰, 조관희 역주, 《중국소설사략》, 살림, 2000, 65쪽).

15   진동원, 송정화·최수경 역, 《중국, 여성 그리고 역사》, 박이정, 2005, 79쪽.

16   유향, 임동석 역, 〈해제〉, 《신서(新序)》, 예문서원, 1999, 16~20쪽.

17   피석서, 이홍진 역, 《중국경학사》, 동화출판공사, 1984, 289쪽.

18   유향, 이숙인 역주, 〈해제: 열녀전에 대해〉, 《열녀전》, 예문서원, 1997, 27쪽.

19   이숙인, 《동아시아 고대의 여성사상》, 여이연, 2005, 92~93쪽.

20   유향, 이숙인 역, 《열녀전》, 예문서원, 1997, 53쪽.

21   유향, 이숙인 역, 위의 책, 54~55쪽. 인도의 문헌 《카마수트라》에서 제시한 임신부
     의 금기 조목도 이와 비슷한 면이 있다. "나쁜 빛을 보지 말 것, 악한 말을 하지 말 것,
     음욕을 품지 말 것, 남을 저주하지 말 것, 욕하지 말 것, 피로와 권태를 피할 것, 망령
     된 말을 하지 말 것, 시거나 미끄럽거나 뜨거운 것을 먹지 말 것, 수레나 말을 타지 말
     것, 깊은 곳에 내려가지 말 것, 급히 땀 흘리지 말 것, 떡을 먹지 말 것, 마음을 바르게
     하고, 항상 경서(經書)의 말씀을 듣도록 할 것"이다.

22   이숙인, 앞의 책, 24~33쪽.

23   노인숙, 〈'안씨가훈'의 유학적 특징〉, 《동양철학연구》 60, 동양철학연구회, 2009,
     222~223쪽.

24   안지추, 김종완 역, 《안씨가훈》, 푸른역사, 153~154쪽.

25   김덕삼·이경자 공역, 앞의 책, 98~102쪽.

26 《영조실록》권49, 영조 10년 12월 20일(신유).

27 이숙인 역주, 《여사서》, 여이연, 2003, 121쪽. 이숙인이 역주서로 참고한 책은 《여사
    서집주(女四書集註)》와 《왕상전주여사서(王相箋註女四書)》(서판충 교주, 1854, 국립중
    앙도서관 소장)다.

28 이숙인 역주, 위의 책, 122쪽.

29 이숙인 역주, 위의 책, 218쪽.

30 이숙인 역주, 위의 책, 218~219쪽.

31 김덕삼·이경자 공역, 앞의 책, 233쪽.

32 금석문 자료는 '한국금석문종합영상시스템(gsm.nricp.go.kr)'을 이용해 검색했다.

33 《증보문헌비고》권42, 제계고(帝系考) 3, 태후, 고려.

34 권순형, 〈친족 일부로서의 몸〉, 《'몸'으로 본 한국여성사》한국문화사 35, 2011,
    105~109쪽.

35 《고려사》권21, 세가 21, 희종 7년 10월;《고려사》권74, 지(志) 28, 선거 2, 과목 1.

36 《동문선》권2, 부(賦), '成王氣稟胎敎德與年豊賦'.

37 윤소종의 정치 활동에 대해서는 도현철, 〈고려 말 윤소종의 현실 인식과 정치 활동〉,
    《동방학지》131, 2005 참조.

38 《고려사》권120, 열전 33, 제신(諸臣), 윤소종.

39 비문이 손상되어 몇 월인지 알 수 없다.

40 유안진, 《한국 전통사회의 유아교육》, 서울대학교출판부, 1990, 128쪽.

41 《신한국보 국민보》한국독립운동자료총서 제11집, 독립기념관 한국독립운동사연
    구소, 1997.

42 손인수, 《한국인의 가치관 – 교육가치관의 재발견》, 문음사, 1979, 112쪽.

43 도현철, 《목은 이색의 정치사상 연구》, 혜안, 2011, 27~28쪽.

44 이익주, 〈고려 우왕 대 이색의 정치적 위상에 대한 연구〉, 《역사와 현실》68, 2008,
    171쪽.

45 이색, 《목은시고(牧隱詩稿)》권22, 시. "小兒一雙言語訛, 時趨堂北團黃沙, 走來庭中
    築小城, 旋成旋壞紅日斜, 日斜不止姆來禁, 洗手洗足無喧嘩, 入室索乳身甚安, 知渠

雖動思無邪, 思無邪作聖功, 悲哉虛老乃祖翁, 祖翁聖門之罪人, 白頭尙不知正蒙, 正
蒙之術始胎教, 三遷孟母當承風.

46   권순형, 〈'목은시고'를 통해 본 고려 말 정신택주의 가정생활〉,《여성과 역사》19집,
     2013, 217~218쪽.

태교의 원리

1   안경식,《(개정판) 한국 전통 아동교육사상》, 학지사, 2011(2쇄), 145~146쪽.

2   《향약집성방》권57, 부인과 태교문, 잉원입본장(孕元立本章).

3   《향약집성방》권57, 부인과 태교문, 잉원입본장.

4   허준,《동의보감》잡병 권10, 부인, 쌍태품태(雙胎品胎). "夫乾坤, 陰陽之情性也, 左
     右, 陰陽之道路也, 男女, 陰陽之儀象也, 父精母血, 因感而會, 精之泄, 陽之施也, 血
     能攝之, 陰之化也, 精成其子, 此萬物資始於乾元也, 血成其胞, 此萬物資生於坤元
     也, 陰陽交構, 胎孕乃凝."

5   허준,《동의보감》잡병 권10, 부인, 태잉(胎孕).

6   《향약집성방》권57, 부인과 태교문, 기질생성장(氣質生成章).

7   이경화,《광제비급》권3, 부인문.

8   노사광, 정인재 역,《중국철학사》, 탐구당, 1990(6판), 331~334쪽.

9   최한기,《기측체의》〈신기통〉권3, 생통(生通).

10   최한기,《기측체의》〈신기통〉권3, 산육준적(産育準的).

11   《승정원일기》, 영조 11년 11월 22일(정사).

12   김평묵, 〈태교에 대한 문답〉,《19세기, 20세기 초 여성생활사 자료집》6, 서경희 역
     주, 보고사, 2013, 277쪽.

13   이이,《율곡선생전서(栗谷先生全書)》권31, 어록 상.

14   《선조실록》권8, 선조 7년 10월 25일(병인).

15   김평묵, 〈태교에 대한 문답〉,《19세기, 20세기 초 여성생활사 자료집》6, 서경희 역

주, 보고사, 2013, 280쪽.

16   데미엔 키언, 고길환 역, 《불교란 무엇인가》, 동문선, 1998, 56~91쪽.

17   《아비달마구사론(阿毘達磨俱舍論)》, 동국대학교 불교학술원 '한글대장경' 웹 사이트.

18   진현종, 《한 권으로 읽는 팔만대장경》, 들녘, 1997. 이하 여러 불경에 대한 소개는 이
     책을 참조해 작성했다.

19   안경식, 앞의 책, 87~88쪽.

20   서우경, 〈불전에 나타난 태아의 생명존중관과 태교〉, 동국대학교 교육대학원 석사
     학위 논문, 17쪽.

21   《현우경(賢愚經)》 권9, 37, '善事太子入海品', 동국대학교 불교학술원 '한글대장경'
     웹 사이트.

22   《불본행집경(佛本行集經)》 권7, 동국대학교 불교학술원 '한글대장경' 웹 사이트. "菩
     薩在胎, 其菩薩母志習, 庶幾樂憙, 行檀自餘, 衆生在母胎時, 其母慳貪, 不憙布施, 悋
     惜財物, 菩薩在胎, 其母意, 樂行於布施 (……) 菩薩在胎 其菩薩母, 常行慈悲, 能於
     一切諸衆生邊, 但是有識有命之類, 悉皆潛念自餘, 衆生在於母胎, 其母不仁, 威德
     少, 故行諸不善, 惡口罵詈."

23   《불설포태경(佛說胞胎經)》, 동국대학교 불교학술원 '한글대장경' 웹 사이트.

태교 관련 문헌과 지식

1   한영, 《한씨외전(韓氏外傳)》 권9 (안경식, 《(개정판)한국 전통 아동교육사상》, 학지사,
    2011(2쇄), 231쪽, 주1 재인용).

2   염정섭, 〈18세기 초중반 '산림경제'와 '증보산림경제'의 편찬 의의 – '치농'을 중심으
    로〉, 《규장각》 25, 2002; 이규경, 《오주연문장전산고》 경사편 4, 경사잡류 2, 기타 전
    적(典籍), 증보산림경제.

3   《신축성상즉위증광별시사마방목(辛醜聖上卽位增廣別試司馬榜目)》, 성균관대학교 존
    경각. 이 방목에 류중림의 직역이 서얼이 사용하는 직역인 '업유(業儒)'로 기재됐고,

적형(嫡兄) 네 명이 기록된 것으로 보아 서자임을 알 수 있다.

4 이규경,《오주연문장전산고》경사편 4, 경사잡류 2, 기타 전적(典籍), 증보산림경제.

5 《내훈》과《계녀서》의 원문은 김신연,《조선시대의 규범서》, 민속원, 2004 참조.

6 성병희,《민간계녀서》, 형설출판사, 1980, 27쪽.

7 성병희, 위의 책, 117쪽.

8 이덕무,《사소절》, 부의(婦儀), 교육.

9 성병희, 앞의 책, 27, 37쪽.《여자초학》에 대해서는 성병희, 〈'여자초학' 고〉,《안동교육대학논문집》8, 안동교육대학, 1975 참조.

10 신영일, 〈향약구급방에 대한 연구: 복원 및 의학사적 고찰〉, 경희대학교 박사학위 논문, 1995, 1쪽.

11 신영일, 〈향약구급방에 대한 연구: 복원 및 의학사적 고찰〉, 경희대학교 박사학위 논문, 1995, 79~81쪽.

12 마왕두이 한묘는 이창(李蒼) 부부와 그 자식의 묘 3기를 말한다. 이창은 기원전 193년(혜제 2) 대후로 봉해졌으며, 제후국인 창사국(長沙國)의 승상이면서 더 작은 제후국의 왕이었다. 1972년 후난성 창사(長沙)에서 마왕두이 1호 한묘가 가장 먼저 발굴됐고, 1973년 11월부터 1974년 초까지 2호와 3호 한묘가 발굴됐다.

13 김경수,《출토 문헌을 통해서 본 중국 고대 사상 – 마왕퇴 한묘 백서와 곽점 초묘 죽간을 중심으로》, 심산, 2008.

14 임은, 문재곤 역,《한의학과 유교문화의 만남》한의학총서 1, 예문서원, 1999, 81쪽.

15 김호, 〈여말선초 '향약론'의 형성과 '향약집성방'〉,《진단학보》87, 1999, 132~133쪽. 김호는 9종을 제시했으나,《비예백요방》이 최근 한국 의서로 판명되어 이 의서를 반영했다.

16 《향약집성방》의 원문과 번역문은 한의학고전DB(www.mediclassics.kr)를 참조했다.

17 노중례의 생애와 활약상에 대해서는 이민호·안상영·권오민·하정용·안상우, 〈세종대의 의관 노중례의 삶과 역사학에의 공헌 – 향약 및 산부인과 의학의 발전과 관련해〉,《한국한의학연구원논문집》14권 2호, 2008 참조.

18   《세종실록》 권89, 세종 22년 6월 25일(을미).

19   《문종실록》 권12, 문종 2년 3월 11일(갑신).

20   《세종실록》 권19, 세종 5년 3월 22일(계묘).

21   《세종실록》 권48, 세종 12년 4월 21일(경인).

22   《향약집성방》에 인용된 한국 의서에 대해서는 이경록, 〈'향약집성방'의 편찬과 중국
      의료의 조선화〉, 《의사학》 20권 2호(통권 39호), 2011, 248쪽, 주 52 참조.

23   《세종실록》 권89, 세종 22년 4월 10일(신사); 《세종실록》 권106, 세종 26년 9월 25일
      (경자).

24   《태산요록》의 판본과 번역문은 장경은, 〈'태산요록'에 대한 연구〉, 원광대학교 한의
      학전문대학원 박사학위 논문, 2011을 참조했다.

25   《의방유취》에 대한 설명은 김두종, 《한국의학사》, 탐구당, 1966, 221~226쪽과 신동
      원, 《호열자 조선을 습격하다 – 몸과 의학의 한국사》, 역사비평사, 2004, 279~280쪽
      을 참조했다.

26   신순식, 〈'의방유취'의 편찬 인물〉, 《의사학》 8권 2호(통권 15), 1999, 211쪽.

27   김두종, 《한국의학사》, 탐구당, 1966, 225~226쪽.

28   의서의 편찬 연도는 최환수·신순식, 〈'의방유취'의 인용서에 관한 연구〉 1, 《한국한
      의학연구원논문집》 3권 1호(통권 3호), 1997에 근거했다. 이 논문에서 《왕악산서》는
      관련 기록이 전혀 없는 의서로 분류했다(31쪽).

29   허준, 《언해태산집요》, 금기(禁忌).

30   허준, 《언해태산집요》, 장리(將理).

31   차웅석·박찬국, 〈'광제비급'에 대한 서지학적 연구〉, 《대한한의학원전학회지》 10권
      2호, 1997, 95쪽.

32   《경국대전》 권3, 예전, 의과 초시.

33   이 책에서 이용한 《태교신기》는 1937년 석판본을 영인한 《태교신기언해》(《진주류씨
      서파류희전서》 I, 한국학중앙연구원, 2007)다. 번역은 최삼섭·박찬국 역해, 《역주 태교
      신기》, 성보사, 1991을 참조했다.

34   이사주당의 생애는 류희, 〈선비숙인이씨가장(先妣淑人李氏家狀)〉(임오윤삼월임인(壬

午閏三月壬寅)),《진주류씨서파류희전서》Ⅱ, 한국학중앙연구원 장서각, 2008 및《태교신기》〈태교신기서〉(신작), 〈사주당이씨부인묘지명(師朱堂李氏夫人墓誌銘) 병서(幷序)〉(신작)에 근거했다.

35   나는 2009년 발표한 〈조선시대 태교 담론에서 바라본 이사주당의 태교론〉에서 이사주당이 류한규의 두 번째 부인이라고 밝혔으나, 이 책에서 네 번째 부인으로 수정했다.

36   김건태, 〈18세기 초혼과 재혼의 사회사〉,《역사와 현실》51, 2004, 198쪽.

37   백승종,《한국사회사연구》, 일조각, 1996, 161~172쪽.

38   이사주당,《태교신기》부록, 〈사주당이씨부인묘지명 병서〉(신작).

39   권호기, 〈수고본 태교신기〉,《서지학》7, 1982, 108쪽.

40   심경호, 〈사주당 이씨의 삶과 학문〉,《한국고전여성문학연구》18, 한국고전여성문학회, 2009, 252~258쪽.

41   이사주당,《태교신기》부록, 〈발(跋)〉(아들 류경). 류경은 류희의 초명(初名)이다.

42   이사주당,《태교신기》부록, 〈발〉(큰딸), 〈발〉(작은딸).

43   김종건, 〈'동의보감'의 문헌적 연구 – 인용 문헌을 중심으로〉,《서지학연구》11, 1995, 215~216쪽.

44   이사주당,《태교신기》부록, 〈발〉(큰딸).

45   이사주당,《태교신기》부록, 〈사주당이씨부인묘지명 병서〉(신작).

46   안동 권씨, 〈류경의 전기〉(김민수, 〈유희의 전기 및 감제 시권〉,《새국어생활》10권 3호, 2000). 김민수는 '가편여집'을 '가편여집(佳篇麗什)'으로, 박용옥은 '가편여집(佳篇麗輯)'으로 보았다(김민수,《국어학사의 기본이해》, 집문당, 1987, 143쪽; 박용옥, 〈한국에 있어서의 전통적 여성관 – 이사주당과 '태교신기'를 중심으로〉,《이화사학연구》16, 1985, 4쪽).

47   이사주당,《태교신기》부록, 〈발〉(큰딸).

48   이사주당,《태교신기》부록, 〈발〉(현손 근영).

49   이사주당,《태교신기》부록, 〈발〉(아들 류경).

50   이사주당,《태교신기》부록, 첫 시작 부분.

51   이사주당,《태교신기》부록, 〈발〉(아들 류경).

52 《경국대전》권3, 예전 취재.

53 김종건, 〈'동의보감'의 문헌적 연구 - 인용 문헌을 중심으로〉, 《서지학연구》11, 1995, 215~216쪽.

54 《승정원일기》113책, 효종 원년 6월 20일.

55 이사주당, 《태교신기》부록, 〈발〉(아들 류경).

56 이사주당, 《태교신기》, 〈태교신기음의서략(胎敎新記音義序略)〉(정인보).

57 《예기》〈내칙(內則)〉을 말한다.

58 이사주당, 《태교신기》첫 장 도입부. "餘以所嘗試於數四娠育者 錄爲一編 以示諸女 非敢擅自著述誇耀人目 然猶可備內則之遺闕也 故名之曰胎敎新記."

59 《예기》〈소의〉를 말한다.

60 이사주당, 《태교신기》부록, 〈발〉(아들 류경).

61 이규경, 《오주연문장전산고》, 인사편, 치도류(治道類), 학교, 여교변증설(女敎辨證說). "近世, 廣州柳義母孺人某氏, 著胎敎篇, 而姑未入見耳."

62 박용옥, 〈한국에 있어서의 전통적 여성관 - 이사주당과 '태교신기'를 중심으로〉, 《이화사학연구》16, 1985, 4쪽.

63 석판본《태교신기》는 류희의 현손인 류내형이 소장한 류희의 저서 119종 119책 속에 포함되어 있다. 석판본《태교신기》를 포함해 류희의 저서는 2005년 12월 한국학중앙연구원에 공식 기탁되어 현재 한국학중앙연구원 장서각에서 보존, 관리하고 있다(고문서연구실, 〈서파유희전서 발간 개요〉, 《진주류씨서파류희전서》Ⅰ, 한국학중앙연구원, 2007, 2쪽).

64 정양완은 한재찬 역, 《태교신기의역》에 근거해 큰딸의 발문을 1850년(경술년), 작은딸의 발문을 1810년(경오년)으로 파악했다(정양완, 〈'태교신기'에 대해 - 배 안의 아기를 가르치는 태교에 대한 새로운 글〉, 《새국어생활》10-3, 2000, 86~87쪽). 하지만 석판본《태교신기》에는 모두 경오년(1810)으로 되어 있다.

65 이사주당, 《태교신기》, 제4장.

66 이사주당, 《태교신기》, 제5장.

67 이사주당, 《태교신기》, 제5장.

68   이사주당, 《태교신기》, 제4장.

69   이이, 《율곡선생전서》 권23, 성학집요 5, 정가(正家) 3, 교자(敎子) 4.

70   윤휴, 《백호전서(白湖全書)》 권46, 잡저, 독서기, 내칙(內則).

71   《소학》 권1, 입교(立敎); 《소학》 권4, 계고(稽古).

72   김언순, 〈조선시대 여훈서에 나타난 여성의 정체성 연구〉, 한국학중앙연구원 한국
      학대학원 박사학위 논문, 2007, 60쪽.

73   장정호, 〈유학교육론의 관점에서 본 '태교신기'의 태교론〉, 《대동문화연구》 50,
      2005, 76~77쪽.

74   박석무 편, 《나의 어머니 조선의 어머니》, 현대실학사, 1998, 69쪽.

75   허균, 《성소부부고(惺所覆瓿槁)》 권24, 설부(說部) 3, 성옹지소록(惺翁識小錄) 하. 이
      내용은 《연려실기술》 권18, 선조조고사본말, 유현, 이이편에 그대로 실려 있다.

76   이민보, 《농야집(豊墅集)》 권9, 묘지명, 이영흥묘지명(李永興墓誌銘).

77   김익, 《죽하집(竹下集)》 권17, 행상, 선비행장(先妣行狀).

78   이식, 《택당선생집(澤堂先生集)》 권10, 묘지, 숙인심씨묘지(淑人沈氏墓誌).

79   민우수, 《정암집(貞菴集)》 권10, 묘지, 유인정씨묘지명(孺人鄭氏墓誌銘) 〈병서(幷序)〉).

80   이현일, 《갈암선생문집(葛庵先生文集)》 권27, 행장, 선비증정부인장씨행실기(先妣贈
      貞夫人張氏行實記).

81   안지추, 김종완 역, 《안씨가훈》, 푸른역사, 2007, 131쪽.

82   백두현, 《현풍곽씨언간 주해》, 태학사, 2003, 246~250쪽.

83   이사주당, 《태교신기》, 제1장.

84   이사주당, 《태교신기》, 제3장.

85   이사주당, 《태교신기》, 제3장.

86   윤형로, 《계구암집(戒懼菴集)》 권14, 가훈, 교자(敎子).

87   최한기, 《기측체의》, 신기통 권3, 생통, 산육준적(産育準的).

88   정하영 역주, 《심청전》(완판본), 고대민족문화연구소, 1995, 74~81쪽.

89   김영돈, 〈한·일 임부의 금기〉, 《성봉 김성배 박사 회갑 기념 논문집》, 형설출판사,
      1977, 819쪽.

90 이병곤,《퇴수재일기(退修齋日記)》, 1928년 12월 27, 28일.

91 성병희, 앞의 책, 101쪽.

태교법과 태교 음식

1   김지영,〈조선시대 왕실 여성의 출산력 - 시기별 변화 추이와 사회문화적 함의〉,《정신문화연구》34권 3호, 2011, 267~268쪽, 부록 1.

2   《세종실록》권35, 세종 9년 2월 12일(경오).

3   《명종실록》권29, 명종 18년 12월 2일(병오).

4   탁효정,〈조선시대 왕실 원당 연구〉, 한국학중앙연구원 한국학대학원 박사학위 논문, 2012 참조.

5   김호·김지영·이광렬,《조선 왕실의 의료》(2010년 국립고궁박물관 학술연구용역 보고서), 국립고궁박물관, 2010, 82쪽.

6   《세종실록》권23, 세종 6년 3월 23일(기해).

7   소혜왕후,《내훈》, 모의(母儀).

8   《순조실록》권19, 순조 16년 1월 21일(신축).

9   《순조실록》권19, 순조 27년 11월 17일(무오).

10 《승정원일기》고종 1년 갑자 4월 18일(무자).

11 《고종실록》권7, 고종 7년 윤10월 22일(갑신).

12 이 자료에 대해서는 김호,〈조선 후기 왕실의 출산 지침서 - 림산예지법〉,《의사학》13권 2호, 2004 참조.

13 날짜를 천간(天干)으로 셀 때 '병(丙)'이나 '정(丁)' 자가 들어 있는 날을 말한다.

14 《태교신기》, 제1장 2, 3절.

15 《태교신기》, 제4장 1절, 2절.

16 《의방유취》권221,〈부인문〉16, 태교.

17 이빙허각,《규합총서》권4,〈청낭결〉, 태살 금기.

18 《의본(醫本)》, 부인(婦人), 보산(保産).

19 김도훈, 〈해제〉,《국역 주촌신방(舟村新方)》, 한국한의학연구원, 2007, 475쪽.

20 신만,《주촌신방》(연활자본) 권2, 〈부인편〉.

21 《태산요록》권상, 〈태산문〉, 태교론.

22 《태산요록》권상, 〈태산문〉, 식기론(食忌論).

23 이빙허각,《규합총서》권4, 〈청낭결〉, 음식 금기.

24 이용기, 옛음식연구회 역,《다시 보고 배우는 조선무쌍신식요리제법》, 도서출판 궁
중음식연구원, 2001, 15쪽. 참고로 번역서에서 '생과'로 나와 있는 것은 원문 확인 결
과 '생파'로 되어 있어 '생파'로 고쳤다.

참고 문헌

사료

《17세기 여성생활사 자료집》 1~4, 보고사, 2006.

《18세기 여성생활사 자료집》 1~8, 보고사, 2010.

《19세기, 20세기 초 여성생활사 자료집》 1~9, 보고사, 2013.

《CD-ROM 사마방목(司馬榜目)》

《광제비급(廣濟秘笈)》, 고전한의학고전DB(www.mediclassics.kr).

《동의보감(東醫寶鑑)》

《만보촬요(萬寶撮要)》, 한국학중앙연구원 장서각.

《부부필람(夫婦必覽)》, 한국학중앙연구원 장서각.

《부자합집경(父子合集經), 불설포태경(佛說胞胎經), 문수사리불토엄정경(文殊師利佛土嚴淨
經) 외》, 동국대학교부설 동국역경원, 1999.

《산림경제(山林經濟)》, 민족문화추진회, 1982.

《산방수록(産方隨錄)》, 목판본 1권, 성균관대학교 도서관 소장(《한국의학대계》 수록).

《승정원일기(承政院日記)》

《여범, 계녀서, 내훈, 여사서》, 대제각, 1988.

《역주 언해태산집요》, 세종대왕기념사업회, 2010.

《의방유취(醫方類聚)》, 한의학고전DB(www.mediclassics.kr).

《임신최요방(妊娠最要方)》, 국립중앙도서관 MF 소장. 원본: 일본 三木榮文庫 소장.

《전통의학고전국역총서》, 한국한의학연구원, 2007(사의경험방, 의가필용, 양무신편, 의방합부
ⅠㆍⅡ, 요략, 주촌신방, 수세비결ⅠㆍⅡ, 단곡경험방ⅠㆍⅡ, 의본ㆍ별초단방, 연소천지문).

《조선왕조실록(朝鮮王朝實錄)》(silok.history.go.kr).

《진주류씨서파류희전서》Ⅰ, 한국학중앙연구원 장서각, 2007.

《진주류씨서파류희전서》Ⅱ, 한국학중앙연구원 장서각, 2008.

《태산요록(胎産要錄)》, 고려대학교 도서관 만송貴191.

《한국과학기술사자료대계》의약학 편, 여강출판사, 1988.

《한비자(韓非子)》

《향약집성방(鄕藥集成方)》, 한의학고전DB(www.mediclassics.kr).

《임산예지법(臨産豫知法)》, 한국학중앙연구원 장서각.

김익,《죽하집(竹下集)》.

노상추,《노상추일기(盧尙樞日記)》.

류중림,《증보산림경제(增補山林經濟)》.

소혜왕후,《내훈(內訓)》.

이덕무,《사소절(士小節)》.

이문건,《묵재일기(黙齋日記)》.

이병곤,《퇴수재일기(退修齋日記)》.

이이,《성학집요(聖學輯要)》.

이현일,《갈암선생문집(葛庵先生文集)》.

최한기,《기측체의(氣測體義)》.

허균,《성소부부고(惺所覆瓿藁)》.

허목,《미수기언(眉叟記言)》.

賈誼,《賈子新書》, 國學基本叢書, 臺灣商務印書館, 1968.

가의, 박미라 역,《신서(新書)》, 소명출판, 2007.

권중화 편, 이경록 역주,《국역 향약제생집성방(鄕藥齊生集成方)》, 세종대왕기념사업회,
2013.

김동일·오창영·최민선 역해,《교주 부인양방 역해》, 정담, 2011.

김성준 역,《평역 산실청총규》, 민속원, 2015.

변정환,《완역교주 부인양방》, 한림원, 1987.

안지추, 김종완 역,《안씨가훈(顔氏家訓)》, 푸른역사, 2007.

양홍렬·이승창 공역,《증보산림경제: 가정편》, 민족문화추진회, 1985.

원창애·정해은·이민주·이미선 역주,《숙의가례청등록 - 숙종 후궁 영빈 김씨의 혼례 기록》,
    한국학중앙연구원출판부, 2016.

유향, 이숙인 역,《열녀전(列女傳)》, 글항아리, 2013.

의학과학원 동의학연구소 역,《의방류취(醫方類聚)》, 북한: 의학출판사, 서울: 여강출판사(영
    인본), 1991.

이문건, 이상주 역주,《양아록(養兒錄)》, 태학사, 2000.

이빙허각, 정양완 역주,《규합총서(閨閤叢書)》, 보진재, 1975.

이색, 여운필·성범중·최재남 역주,《역주 목은시고(牧隱詩藁)》 1~12, 월인, 2000~2007.

이숙인 역주,《여사서(女四書)》, 여이연, 2003.

이진태 편,《국역 단곡경험방(丹穀經驗方)》, 한국한의학연구원, 2007.

정하영 역주,《심청전》(완판본), 고대민족문화연구소, 1995.

최삼섭·박찬국 역해,《역주 태교신기》, 성보사, 1991.

단행본

한국

권은주,《불교아동학개론》, 양서원, 1999.

권순형·김미정·김선주·김언순·신영숙·이성임·이순구·정해은,《'몸'으로 본 한국여성사》,
    국사편찬위원회:경인문화사, 2011.

김경수,《출토 문헌을 통해서 본 중국 고대 사상 - 마왕퇴 한묘 백서와 곽점 초묘 죽간을 중
    심으로》, 심산, 2008.

김덕삼·이경자 공역, 《중국의 전통 가정교육》, 경인문화사, 2005.

김두종, 《한국의학사》, 탐구당, 1975.

김민수, 《국어학사의 기본 이해》, 집문당, 1987.

김신연, 《조선시대의 규범서》, 민속원, 2004.

김영조, 《키질하던 어머니는 어디 계실까? - 그리운 우리 문화 마중하기》, 인물과사상사, 2012.

김영진, 《농림수산고문헌비요》, 한국농촌경제연구원, 1982.

김용숙, 《조선조 궁중풍속 연구》, 일지사, 1987.

_____, 《한국 여속사》, 민음사, 1990.

김호, 《허준의 동의보감 연구》, 일지사, 2003.

김호·김지영·이광렬, 《조선 왕실의 의료》(2010년 국립고궁박물관 학술연구용역 보고서), 국립고궁박물관, 2010.

박석무 편, 《나의 어머니 조선의 어머니》, 현대실학사, 1998.

박정동 역, 김우균·이풍호 열(閱), 《(국문) 신찬 가정학》, 1907.

변원림, 《조선의 왕후》, 일지사, 2006.

석성우, 《태교》, 토방, 1996.

성병희, 《민간계녀서》, 형설출판사, 1980.

손인수, 《한국인의 가치관 - 교육가치관의 재발견》, 문음사, 1979.

손직수, 《조선시대 여성교육연구》, 성균관대학교 출판부, 1982.

신동원 외, 《한 권으로 읽는 동의보감》, 동녘, 2006.

신동원, 《조선 사람의 생로병사 - 조선, 천년의 삶 천년의 죽음》, 한겨레신문사, 1999.

_____, 《호열자 조선을 습격하다 - 몸과 의학의 한국사》, 역사비평사, 2004.

안경숙, 《신라 토우 영원을 꿈꾸다》, 국립중앙박물관, 2009.

안경식, 《(개정판)한국 전통 아동교육사상》, 학지사, 2011(2쇄).

유안진, 《한국 전통사회의 유아교육》, 서울대학교출판부, 1990.

_____, 《한국의 전통육아방식》, 서울대학교출판부, 1994.

육수화, 《조선시대 왕실교육》, 민속원, 2008.

이능화, 김상억 역,《조선여속고》(1927), 민속원, 1995.

이상익 역, 유병필 열(閱),《세계문명산육신법》, 경성: 고금서해관, 1908.

이숙인,《동아시아 고대의 여성사상》, 여이연, 2005.

이영자,《불교와 여성》, 민족사, 2001.

이영춘,《영조의 어머니, 숙빈 최씨》, 한국학중앙연구원 출판부, 2013.

이용기, 옛음식연구회 역,《다시 보고 배우는 조선무쌍신식요리제법》, 도서출판 궁중음식연 구원, 2001.

이원호,《태교》, 박영사, 1986.

이화중국여성문학연구회 편,《동아시아 여성의 기원 - '열녀전'에 대한 여성학적 탐구》, 이 화여자대학교 출판부, 2002.

이훈석,《한국의 여훈》, 대원사, 1990.

정낙찬·이동기·채휘균,《한국의 전통교육》, 영남대학교 출판부, 2000.

정병헌·이지영 편,《우리 선비들은 사랑과 우정을 어떻게 나누었을까》, 사군자, 2005.

정해은,《조선의 여성 역사가 다시 말하다》, 너머북스, 2011.

진현종,《한 권으로 읽는 팔만대장경》, 들녘, 1997.

하일식 편,《고려시대 사람들의 삶과 생각》, 혜안, 2007.

한국여성불교연합회,《불교의 여성론》, 불교시대사, 1993.

한국역사연구회,《개경의 생활사》, 휴머니스트, 2007.

한국외국어대학교 외국학종합연구센터,《세계의 혼인문화》, 한국외국어대학교 출판부, 2005.

한국학중앙연구원,《조선왕실의 출산 문화》, 이회, 2005.

한희숙,《의녀: 팔방미인 조선 여의사》, 문학동네, 2012.

_____,《역사학자가 쓴 인수대비》, 솔과학, 2017.

황위주 외,《고문서로 읽는 영남의 미시세계》, 경북대학교 출판부, 2009.

외국

P. B. 에브레이, 배숙희 역, 《중국 여성의 결혼과 생활 – 송대 여성을 중심으로》, 삼지원, 2000.

기토 히로시, 최혜주·손병규 역, 《인구로 읽는 일본사》, 어문학사, 2009.

노사광, 정인재 역, 《중국철학사》 한·당 편, 탐구당, 1988.

노신, 조관희 역주, 《중국소설사략》, 살림, 2000.

데미엔 키언, 고길환 역, 《불교란 무엇인가》, 동문선, 1998.

라나 톰슨, 백영미 역, 《자궁의 역사》, 아침이슬, 2004.

로렐 대처 울리히, 윤길순 역, 《산파일기》, 동녘, 2008.

마르티나 도이힐러, 이훈상 역, 《한국사회의 유교적 변환》, 아카넷, 2003.

마시모 리비-바치, 송병건·허은경 역, 《세계 인구의 역사》, 해남, 2009.

마크 피터슨, 김혜정 역, 《유교사회의 창출 – 조선 중기 입양제와 상속제의 변화》, 일조각, 2000.

매릴린 옐롬, 이호영 역, 《아내의 역사》, 책과함께, 2012.

미셸 푸코, 오트르망 역, 《안전, 영토, 인구》, 난장, 2011.

반 게넵, 전경수 역, 《통과의례》, 을유문화사, 1992.

브라이언 터너, 임인숙 역, 《몸과 사회》, 몸과마음, 2002.

장민걸, 이인경 역, 《중국의 혼인과 가정》, 문사철, 2012.

제롬 케를루에강 외, 이상해 역, 《명나라 시대 중국인의 일상》, 북폴리오, 2005.

제임스 리·왕펑, 손병규·김경호 역, 《인류 사분의 일》, 성균관대학교 출판부, 2012.

진동원, 송정화·최수경 역, 《중국, 여성 그리고 역사》, 박이정, 2005.

카트린 롤레·마리 프랑스 모렐, 나은주 역, 《출산과 육아의 풍속사》, 사람과 사람, 2002.

피석서, 이홍진 역, 《중국경학사》, 동화출판공사, 1984.

헬렌 굿 브렌너먼, 조영실 역, 《엄마가 되실 분에게》, 보이스사, 1989.

毛禮銳, 《中國古代教育史》, 北京師範大學出版社, 1995.

女性史總合研究會 編, 《日本女性生活史》 第3卷 近世, 東京大學出版會, 1990.

王炳熙·郭齊家 外, 《簡明中國教育史》, 北京師範大學出版社, 1996.

曹大爲,《中國古代女子教育》, 北京師範大學出版社, 1996.

朝鮮總督府,《李朝の財産相續法》, 1936.

朝鮮總督府,《李朝の祭祀相續法》, 1939.

陳漢才,《中國古代幼兒教育史》, 廣東高等教育出版社, 1998.

논문

강명자·송병기, 〈태교에 관한 문헌적 고찰 – 음식을 중심으로〉,《대한한방부인과학회지》1, 1987.

강명치·이경섭·송병기, 〈태교에 대한 문헌적 고찰 – 음식과 약을 중심으로〉,《동서의학》, 대구한의대학교 제한동의학술원, 1984.

강지언, 〈고려 말 윤소종의 정치활동 연구〉,《이대사원》28, 이화여자대학교 사학회, 1995.

강현경, 〈유향 '열녀전'의 유전(流傳)과 그 영향〉,《대전대학교논문집》인문·사회과학편 16, 1992.

곽차섭, 〈새로운 역사학의 입장에서 본 생활사의 개념과 방향〉,《역사와 경계》45, 2002.

권순형, 〈'목은시고'를 통해 본 고려 말 정신택주의 가정생활〉,《여성과 역사》19집, 한국여성사학회, 2013

권영철, 〈태교신기 연구〉,《여성문제연구》2, 효성여자대학교, 1972.

권호기, 〈수고본 태교신기〉,《서지학》7, 한국서지학회, 1982.

김건태, 〈18세기 초혼과 재혼의 사회사〉,《역사와 현실》51, 한국역사연구회, 2004

김동일, 〈'부인대전양방'의 태교 이론에 대한 고찰〉,《대한한방부인과학회지》16권 4호, 대한한의학회 한방부인과학회, 2003.

김두헌, 〈朝鮮に於ける婦女の地位の變遷〉,《조선행정》21권 6·7, 1942.

김민수, 〈유희의 전기(傳記) 및 감제(柑製) 시권(試券)〉,《새국어생활》10권 3호, 2000.

김병준, 〈진한시대 여성과 국가권력 – 과정 방식의 변천과 예교 질서로의 편입〉,《진단학보》75, 진단학회, 1993.

김봉좌, 〈조선시대 유교 의례 관련 한글 문헌 연구〉, 한국학중앙연구원 박사학위 논문, 2011.

김성수, 〈조선 전기 태교론의 수용과 전개〉, 《인문논총》 71권 1호, 서울대학교 인문학연구원, 2014.

김언순, 〈조선시대 여훈서에 나타난 여성의 정체성 연구〉, 한국학중앙연구원 한국학대학원 박사학위 논문, 2007.

김영돈, 〈한·일 임부의 금기〉, 《성봉 김성배 박사 회갑 기념 논문집》, 형설출판사, 1977.

김용희, 〈불전(佛典)에 나타난 태교 사상에 관한 연구〉, 대구대학교 석사학위 논문, 1991.

김은실, 〈출산 문화와 여성〉, 《한국여성학》 12권 2호, 한국여성학회, 1996.

김종건, 〈'동의보감'의 문헌적 연구 – 인용 문헌을 중심으로〉, 《서지학연구》 11, 서지학회, 1995.

김종섭, 〈당(唐) 대 이상적 인간형 – 태교를 중심으로〉, 《중앙사론》 36, 중앙사학연구소, 2012.

김중권, 〈'언해태산집요'의 서지적 연구〉, 《서지학연구》 9, 1993.

_____, 〈조선조 내의원의 의서 편간 및 의학 자료실에 관한 연구〉, 《서지학연구》 42, 2009.

김지영, 〈조선 왕실의 출산 문화 연구 – 역사인류학적 접근〉, 한국학중앙연구원 박사학위 논문, 2010.

_____, 〈조선 후기 왕실의 출산 문화에 관한 몇 가지 실마리들〉, 《장서각》 23, 한국학중앙연구원 장서각, 2010.

_____, 〈조선시대 왕실 여성의 출산력 – 시기별 변화 추이와 사회문화적 함의〉, 《정신문화연구》 34권 3호, 한국학중앙연구원, 2011.

김혜숙, 〈음양 존재론과 여성주의 인식론적 함의〉, 《한국여성학》 15권 2호, 1999.

김호, 〈조선 왕실 출산 지식의 계보 – '임산예지법'과 '태산요록'의 비교〉, 《두 조선의 여성 – 신체·언어·심성》, 혜안, 2016.

____, 〈조선 후기 왕실의 출산 지침서 – 임산예지법〉, 《의사학》 13권 2호, 2004.

____, 〈조선 후기 왕실의 출산 풍경〉, 《조선의 정치와 사회》(최승희 교수 정년 기념 논총), 2002.

도현철, 〈고려 말 윤소종의 현실 인식과 정치활동〉, 《동방학지》 131, 연세대학교 국학연구원, 2005.

류점숙, 〈태교신기 내용 고찰〉 상, 《안동문화》 6, 1981.

_____, 〈태고신기 내용 고찰〉 하, 《사회과학연구》 3, 영남대학교, 1983.

몽크바트·민하영·윤은숙, 〈몽·한 태교 관습 비교 연구 시론 - 임산부에 대한 관습, 규정, 금
　　기 조항을 중심으로〉, 《강원인문논총》 11, 강원대학교 인문과학연구소, 2003.

문일평, 〈조선 여성의 사회적 지위〉, 《호암전집》 II, 조광사, 1940.

박경자, 〈증보산림경제 가정편 연구〉, 《성신여자사범대학교 연구논문집》 13, 1980.

박미선, 〈18·19세기 왕실 유모의 범위와 위상〉, 《사총》 73, 역사학연구회, 2011.

박선미, 〈의녀제도를 통해서 본 유교 문화의 특성〉, 《한국 사상과 문화》 29, 한국사상문화학
　　회, 2005.

박용옥, 〈한국에 있어서의 전통적 여성관 - 이사주당과 '태교신기'를 중심으로〉, 《이화사학
　　연구》 16, 이화여대 이화사학연구소, 1985.

박훈평, 〈새로 발견된 조선 전기 의학서 '태산집요' 연구〉, 《장서각》 36, 2016.

백경임, 〈불전(佛典)의 태아관〉, 《한국불교학》 10권, 한국불교학회, 1985.

_____, 〈불교적 관점에서 본 수태, 타태(墮胎), 출산〉, 《아동학회지》 7, 한국아동학회, 1986.

백두현, 〈조선시대 여성의 문자생활 연구 - 한글 편지와 한글 고문서를 중심으로〉, 《어문론
　　총》 42, 한국문화언어학회, 2005.

백옥경, 〈조선시대 출산에 대한 인식과 실제〉, 《이화사학연구》 32, 2007.

서신혜, 〈김훈의 아내 '신천강씨'라는 한 여성의 삶 재구〉, 《동양고전연구》 60, 동양고전학회,
　　2015.

서우경, 〈불전(佛典)에 나타난 태아의 생명 존중관과 태교〉, 동국대학교 석사학위 논문,
　　1996.

석유순, 〈조선시대 여성 교육 내용의 현대적 의의〉, 《대동문화연구》 17, 성균관대학교 대동
　　문화연구원, 1981.

_____, 〈태교에 대하야〉, 《동양의약》 1권 3호, 동양의약사, 1955.

손홍렬, 〈여말선초 의서의 편찬과 간행〉, 《한국과학사학회지》 11권 1호, 한국과학사학회,
　　1989.

_____, 〈조선 중기 의술과 의약의 발달〉, 《국사관논총》 56, 국사편찬위원회, 1994.

_____, 〈조선 후기의 의서 편찬 I - 영·정조 대를 중심으로〉, 《충북사학》 11·12합집, 충북 대학교 사학회, 2000.

신동원, 〈전녀위남법의 고고학〉, 《역사민속학》 9, 한국역사민속학회, 1999.

신명호, 〈조선시대 궁중의 출산 풍속과 궁중의학〉, 《고문서연구》 21, 한국고문서학회, 2002.

신순식, 〈'의방유취'의 편찬 인물〉, 《의사학》 8권 2호(통권 15호), 대한의사학회, 1999.

신영일, 〈향약구급방에 대한 연구 - 복원 및 의학사적 고찰〉, 경희대학교 한의학과 박사학 위 논문, 1995.

신천식, 〈다산의 교육이념에 대한 일 연구〉, 《논문집》 9, 관동대학교, 1981.

양승률, 〈주촌 신만의 '보유신편'과 '주촌신방'〉, 《장서각》 25, 2011.

여중철, 〈기자속에 대한 인류학적 고찰〉, 《여성문제연구》 8, 1979.

염정섭, 〈18세기 초중반 '산림경제'와 '증보산림경제'의 편찬 의의 - '치농(治農)'을 중심으 로〉, 《규장각》 25, 서울대학교 규장각 한국학연구원, 2002.

육수화, 〈조선 왕실의 출산과 안태의 재조명〉, 《민족문화논총》 35, 영남대학교 민족문화연 구소, 2007.

윤상열, 〈고구려 왕후 우씨에 대해〉, 《역사와 실학》 32, 역사실학회, 2007.

이경록, 〈'향약집성방'의 편찬과 중국 의료의 조선화〉, 《의사학》 20권 2호(통권 39호), 대한의 사학회, 2011.

이경화, 〈소혜왕후 '내훈'의 '소학' 수용 양상과 의미〉, 《대동문화연구》 70, 2010.

이규근, 〈조선 후기 의약동참 연구 - '의약동참선생안'을 중심으로〉, 《조선시대사학보》 19, 조선시대사학회, 2001.

이길표 외, 〈태교에 관한 문헌 고찰 - 태교의 발달 및 역사적 변천〉, 《한국전통생활문화학회 지》 3, 2000.

이남희, 〈조선 후기 '여사(女士)'와 '여중군자(女中君子)' 개념 고찰 - 지식인 여성 연구를 위 한 시론적 접근〉, 《역사와 실학》 47, 역사실학회, 2012.

이동기, 〈한국 전통사회의 동몽교육 연구〉, 《교육철학》 19, 한국교육철학회, 2001.

이미선, 〈조선시대 후궁 연구〉, 한국학중앙연구원 한국학대학원 박사학위 논문, 2012.

이미숙, 〈전근대 일본의 태교 지식의 수용과 전개 - 일본 고전 텍스트를 중심으로〉, 《인문논총》 71집 2호, 서울대학교인문학연구원, 2014.

이민호·안상영·권오민·하정용·안상우, 〈세종 대의 의관 노중례의 삶과 역사학에의 공헌 - 향약 및 산부인과 의학의 발전과 관련해〉, 《한국한의학연구원논문집》 14권 2호, 2008.

이세동, 《《예기》의 《오경》 편입과 그 의의〉, 《중국어문학》 53, 영남중국어문학회, 2009.

이시용, 〈조선조 사대부의 규방교육〉, 《교육논총》 11, 인천교육대학교, 1981.

이창욱, 〈조선 전기의 산부인과학 발달사에 관한 연구〉, 동국대학교 석사학위 논문, 2001.

이혜순, 〈18세기 말 19세기 초 이사주당의 태교 의식에서 드러나는 여성 실학 정신〉, 《조선조 후기 여성 지성사》, 이화여자대학교 출판부, 2007.

임동권, 〈서울 지방의 산속(産俗)〉, 《한국민속학논고》, 집문당, 1975.

임병덕, 〈중국 고대법이 말하는 여성〉, 《중국사연구》 36, 중국사학회, 2005.

_____, 〈진한시대의 여성의 지위〉, 《중국사연구》 64, 2010.

장경은, 〈'태산요록'에 대한 연구〉, 원광대학교 한의학전문대학원 박사학위 논문, 2012.

장용훈·최환수·김용진, 〈송 대 부인과 질병 인식 및 병인(病因) 병기(病機)에 대한 연구〉, 《한국한의학연구원논문집》 11권 1호, 2005.

장정호, 〈유학교육론의 관점에서 본 '태교신기'의 태교론〉, 《대동문화연구》 50, 성균관대학교 대동문화연구원, 2005.

_____, 〈한·중 전통태교론 비교 연구〉, 《교육사학연구》 18, 교육사학회, 2008.

정양완, 〈'태교신기'에 대해 - 배 안의 아기를 가르치는 태교에 대한 새로운 글〉, 《새국어생활》 10-3, 2000.

정해은, 〈조선 후기 여성 실학자 빙허각 이씨〉, 《여성과 사회》 8, 창비, 1997.

_____, 〈조선시대 태교 담론에서 바라본 이사주당의 태교론〉, 《여성과 역사》 10, 한국여성사학회, 2009.

조수동, 〈불교 생명사상에 관한 고찰〉, 《철학논총》 18, 새한철학회, 1999.

조순영, 〈동학의 태교사상에 관한 연구〉, 《생태유아교육연구》 8권 2호, 한국생태유아교육학회, 2009.

조정신, 〈한국 사회에서의 육아법에 관한 사회적 표상 연구 – 전통 문화 중심으로〉,《한국보 육학회지》4권 2호, 한국보육학회, 2004.

주영하, 〈조선 왕실의 출산 풍속 – 아들 기원에서 돌잔치까지〉,《조선 왕실의 출산 문화》, 이 회, 2005.

차웅석·박찬국, 〈'광제비급'에 대한 서지학적 연구〉,《대한한의학원전학회지》10권 2호, 대 한한의학원전학회(구 대한원전의사학회), 1997.

최미현, 〈'언해태산집요'와 '동의보감'의 원문 대조 연구〉 1,《우리말연구》25, 우리말학회, 2009.

_____, 〈'태산요록'과 '언해태산집요'의 관련성 고찰〉,《한말연구》26, 한말연구학회, 2010.

최환수·신순식, 〈'의방유취'의 인용서에 관한 연구〉 1,《한국한의학연구원논문집》3권 1호 (통권 3호), 한국학의학연구원, 1997.

탁효정, 〈조선시대 왕실 원당 연구〉, 한국학중앙연구원 한국학대학원 박사학위 논문, 2012.

한양명, 〈한국 산속(産俗)의 체계적 이해를 위한 시론〉,《비교민속학》16, 비교민속학회, 1999.

홍순례, 〈산속(産俗)에 나타난 태점·태몽 연구〉,《한국민속학》27, 한국민속학회, 1995.

홍혜경, 〈한국 여성의 태교 인식도에 관한 연구〉,《아동학회지》1, 한국아동학회, 1980.

岡佐智子, 〈日本國の傳統胎敎食〉,《동아시아식생활학회지》7(2), 동아시아식생활학회, 1997.